いきする本だな

あそびの生まれる時

「お客様」時代の地域活動コーディネーション

西川 正
Nishikawa Tadashi

ころから

はじめに

「大手旅行会社が『PTA業務代行サービス』開始」

2022年秋、こんなタイトルの記事がインターネットの情報サイトに掲載されていた。

その旅行会社のサイトをのぞくと、いくつものサービスメニューが並んでいた。

○印刷・デザイン＝広報誌などの印刷、デザイン、封入発送など
○WEBサイト作成＝PTA専用ページの開設など
○人材派遣＝行事の受付、事務作業など人手不足の時に
○イベント関連＝学校行事やPTA主催イベントの企画～運営、ライブ配信のプロデュースなど
○出張授業・学習支援＝普段の授業や家庭学習では得られない学びをPTA主催の講演会や特別授業で
○グッズ関連＝記念品向けの名入れ商品や行事や学校生活の思い出を残すオリジナルプリント商品など

PTA運営の煩《わずら》わしさに困り果てた親たちにとっては、朗報になるのだろうか。地域の活動にかかわってきた友人たちにこのサービスについて、意見を聞いてみた。

「昔から保護者のなかに、何かの専門家がいたら、その技術を生かして、よく助けてもらってきたけどね。お互い補いあってね」

「専業主婦が少数派のこの時代、当然の流れでしょ」

「企画とかいっても、結局『去年どおり』となりがちだし、記念品とかもトレンドとか教えてもらえたら、とても楽〜」

「そもそもPTAは、お金を払って、外注までしてやってもらう活動なの？　そこまでするなら活動そのものをやめてもいいのでは？」

生活のあらゆる場面が切り取られ、商品化されていく社会。とうとう地域の活動もその対象になったのか、と少し感慨深かった。

私は、この20年ほど、埼玉県の郊外のまちで、さまざまな「地域の活動」(地縁系の地域組織)にかかわってきた。保育所・学童保育の保護者会、PTA、おやじの会、民生委員、団地自治会などなど。子を介しての地域での出会いは、とても新鮮だった。出身も仕事も年齢も違う様々な人々が、試行錯誤をしながら活動をつくっていくことに、地域の活動ならではの魅力を感じてきた。くじ引きでいやいや役員になり、会議でもずっと下を向いて、硬い表情をしていたお母さんが、活動を重ねていくうちに、少しずつ表情が豊かになり、笑うようになる。そして「それなら、こうしたらいいかな？」と発言するようになる。その表情から「自分も何かできるかも」と思えていることが読み取れる。そして、誰かの発言に誰かが応え、「あーでもない、こーでもない」と企画がふくらんでいく。そんな時のワクワク感、苦労と工夫を重ねてやり終えたあとの達成感、そして仲間になれたという親密感。それは地域での活動の一番の喜びであった。任期が終わっても、なにかあった時はひと声かければ、二つ返事で協力してくれる関係が育まれていた。動員でいやいや出会っても、やっていくうちに楽しくなる。そんな全員参加型の組織のおもしろさを何度も味わってきた。

とはいえ、そんな経験ができる人はとても少ないのが現実らしい。いま地域の活動はほんとうに人気がない。特に若い世代には、強い忌避感が広がっている。ネット上には「PTA死ね！」などの強い言葉があふれている。「この負担感をなんとかしてくれ！」と。

そこにコロナ禍が来た。何が「必要火急」で、何が「不要不急」なのか、活動の一つひとつが問われた。コロナ禍のリスクをどう感じているかで意見が分かれ、活動が停滞したり、解散の危機にいたったりした団体も多い。あらためて住民が自身の地域で活動することの意味、その独自の価値が問われる機会となった。

冒頭の「代行業」のメニューをみながら、私は娘の学童の保護者会時代のエピソードを思い出していた。

娘の通った学童保育所では、年2回、親子で大掃除をしていた。皆で、ともに汗を流す。わきあいあいの楽しい作業の時間だった。たまにしか来ない父親が、屋根にのぼって大活躍したりする。欠席者はいたが、それほど話題にもならなかった。

ところが、ある年、役員さんから「欠席した保護者に罰金を課すべきではないか」という意見がLINEグループにあがった。気づいた時には、金額をいくらにするかの話になっていた。

私は、あわててこんなメッセージを送信した。

「いろいろ思いはあるとは思います。が、もし、罰金を払った人から、『お金を払ったんだから、文句を言われる筋合いはない』といわれたら、みなさんはどう感じますか？　私はよい気持ちはしません。それぞれやむをえない事情があります。たしかに中には気のない人もいます。でも、いつか気づく時が来るかもしれません。あるいはその人なりに活躍してくれる場面も来るかもしれません。罰するより、いろんな方法で呼びかけていきませんか」

その時は、この私の投稿をきっかけに罰金案は、立ち消えになった。

ふりかえって、この「罰金を」という発想は、どこから来たものかを考えると、現代社会を読み解くキーワード「自己責任」につきあたる。

本来、学童の大掃除は「みんなの問題」だ。しかし、ルールを設けると、とたんに「その人の問題」に変化する。つまり「誰の責任か」が気になる日常を過ごしている人にしてみると、「罰金」という発想は当たり前のことになっているのだ。

さらにいえば、私たちの社会は、社会的な不公平や人権を侵害する行為があっても、それを「みんなの問題(社会の問題、構造的な問題)」ととらえる視点がきわめて弱い。「罰金を」という声が映し出すのは、分断され、孤立し、不安な現在の私たちの心象風景なのではないだろうか。

また、こうして孤立したままに、納得できない「やらなければいけないこと」をこなす、そんな「負担感」だらけの一年を経ると、翌春の役員を決める会議は、表面的には沈黙、心のなかは恨みから出た次の言葉に支配される。悲しいかな、がまんを強いられた人は、他人にもがまんを強いてしまう。

「やらないなんて、ずるい、ゆるせない」と。

もし地域の組織が「同じ地域に住む人々の良好な関係づくり」を目的とするのなら、現状は、むしろ逆効果になってしまっていないだろうか。地域のことにかかわることへの忌避感を一人ひとりの住民に持たせてしまっているのではないか。そこに「地域のことは地域で」「自治会に加入しましょう」などといくら「正しさ」をうたったところで、人々は戻ってはこない。

そんな現状を背景に生まれたのが、手間の外注つまり代行業なのだろう。

それは確かに「助かる」のだろう。しかし、一方で、手間を通じて生まれていた人と人の関係性そのものを喪失するリスクをともなうことでもある。何かを一緒にしないかぎり「関係」をつくることはできないからだ。

長い間、人は、手間をともにすることで、他者との関係性を育みながら、生き延びてきた。それは少しめんどくさいものでもある。そこで、私たちは、それをサービスに置き換えていくことで、「楽《らく》」を手にいれた。しかし、その暮らしは、孤立と隣り合わせのものでもあった。また、制度やルールを整えることで「みんなの問題」だったものを、「その人の問題」にしてきた。

関係を育んでいた一見無駄とも思える時間をなくした私たちは、何か問題が生じた時だけ顔をあわせることになった。そうなると必然的に、どちらが悪いかという話になっていく。それが煩わしくて、さらにかかわることそのものを避けるようになる。そんな悪循環の中に暮らすようになっているのではないだろうか。

その結果、誰にも相談できず、「助けて」といえず、一人でがんばる、それが暮らしの基調となった。人に迷惑をかけることを極度におそれるようになった。それは少しでも迷惑をかけられることを許容することができない、寛容さの喪失でもあった。そこで、ルールやマニュアル、前例に頼り、だれからも責められないことが最優先される社会になっていった。

こんな緊張を強いられる社会の中で、どうやったら人の気持ちをゆるめ、そして、あたためることができるだろうか。この20年ほど、焚き火を囲みながら、そのことを考えてきた。

2017年に、前著『あそびの生まれる場所』を書いた。この本のサブタイトルは「『お客様』時代の公共マネジメント」とした。生活がシステム・市場経済に覆われ、「お客様」となった私たちが自由を失っていく構造について考察した。そして、対話による自治が、自由に生きるための唯一の道なのではないか、公共とは人々の対話の中から発生するものではないか、と問題提起をした。

地域で活動している全国のたくさんの方々から、うれしい応えをいただいた。「私たちが、何を大事にしてきたのか、この本を読んで確認することができました」「長い間、かかえていた違和感が言葉になっていて驚きました」と。

この本の末尾に、こう記した。

必要なのは、「一緒につくる」こと。

そうすれば、結果がうまくいかなくても、そこには、信頼が生まれている。

その信頼は次の「何かしてみよう」という気持ち、すなわち「遊び」を生み出す。

「何かあったら困るので」は「何かあっても、大丈夫」に変わる。

この「一緒に」はどうすればつくることができるのか。それが本書のテーマだ。

前作は、「場所」をキーワードとしたが、本書では、「時間」に注目している。

あらためて言うまでもなく、私たちはいま、結果のみを重視する社会に生きている。最短で結果を出すことを求められ、自分たちなりの模索=失敗が許容されなくなった。みんなでわいわいと試行錯誤する時間を持つことが難しくなった。しかし、結果に至る苦労と工夫こそが「遊ぶ」ということなのだ。

ともに食べ、働き、遊ぶ。現代において「みんなでもちよる時間」はどうやったら持つことができるのだろうか。

「私がこの場の当事者である」と思える、そんな場や組織はどうすればつくれるのだろうか。罰則や外注に頼ることなく、「みんなの問題」として取り組むにはどうすればいいだろうか。活動終了時に「やってよかった」とふりかえることができる活動（時間）と、「もう二度とやりたくない」という負担感・忌避感を持つ活動（時間）の間に、どんな違いがあるのだろうか。遊ぶ、すなわち「何かをしてみよう」と思えること、人の気持ちがあたたまっていくには何が必要なのか、どんな環境を用意すればいいのか。

私自身のささやかな経験と、全国各地で展開されている実践をもとに考察した。

第1章では、地域で、あるいはオンラインで経験してきた様々な遊びや学びの場づくりの事例を紹介しつつ、人が何かしてみようと思う環境やかかわりについて、「あそび」と「ボランティアコーディネーション」をキーワードに振り返った。

第2章では、コロナ禍で大きく揺れる「地縁」の活動について、どうすれば、「やってよかった」といえる活動、組織になるのか「負担感」をキーワードにまとめた。

第3章では、どのようなプロセスを経れば、リスクのある活動を「みんなの活動」として展開することができるのか、リスクマネジメントと対話の視点から検討した。

第4章では、システム社会の中でばらばらに暮らす私たちが、再び重なり、交わりながら暮らしていくにはどうしたらいいのか、コロナ禍をはさんで、各地の試みを紹介しつつ考察した。

第5章では、「共助」と「公助」そして「贈与」をキーワードに、住民が地域で自ら活動することの独自の価値についてあらためて問い直した。

第6章は、子どもたちの育ちの現場を事例に、自分でやってみる＝主体的に生きることを支援する、とはどのようなことなのか、「主導権」「ｆｏｒからｗｉｔｈへ」をキーワードに考えた。

また、各章のおわりに私自身の試みを記したコラムを収めた。ご一読くだされば と思う。

本書は、コロナ禍をはさんだ5年ほどのさまざまな学びと遊びの場づくりの経験をもとに書いた。本書を書いている私にはいくつかの立場(現場)がある。

1つ目は、地域でさまざまな活動をしてきた住民としての立場。2つ目は、地元の46カ所の学童保育を運営しているNPOの理事(2022年5月で退任し、現在は相談役)として組織の運営や職員の研修にかかわってきた立場。3つ目は、大学の非常勤講師や全国各地で、講師あるいはファシリテーターとして活動している立場。そして最後は、NPO法人ハンズオン埼玉の理事としての立場。コロナ禍の非常時だからこそできることがあるはずと、オンライン等でさまざまな場づくりを試みてきた。

さらに、本書の主要な部分を執筆している最中に、新しい現場が加わった。縁あって、岡山県真庭市立中央図書館の館長を務めることになった。現在、真庭の人々と、図書館を拠点にしたまちづくりについて模索している。分野も地域も立場も違う仕事で、まだ何がしかのことを言える段階ではないが――。

コロナ禍「明け」、私たちが自由に、豊かに生きるための「生活様式」とはどのようなものか、システム社会、サービス社会の中で、私たちはどうすれば人として人に出会い、「一緒に」暮らしていけるのか。自分のまちで、日々、試行錯誤を繰り返している方々へのささやかなエールとしてこの本を書いた。

この小さな本が、「人が、思わずなにかをしてみようと思える環境づくり」を考える上での、一助になれば幸いだ。

もくじ

第4章 「新しい」生活様式 コロナ禍をこえて 155

第5章 「自助、共助、公助」再考 213

第6章

第1章

〈遊ぶ〉は〈あそび〉から

地域で、あるいはオンラインで経験してきた様々な遊びや学びの場づくりを事例にしながら、人はどんな時、思わず〈遊ぶ〉（＝動いてしまう）のかについて考察してみた。「あたま」ではなく「こころ」が動く環境とはどのようなものか。「もちより」「あそび」、そして「ボランティアコーディネーション」をキーワードに、「あそびの生まれる時」となる条件とはどのようなものか、考察する。

1 〈もちより〉から生まれる

1 「あなたの好きを教えて」

2020年3月、新型コロナウイルス（covid-19）の流行により、私たちは突然、オンライン（リモート）の世界に連れていかれることになった。

つながらない回線、あわない目線、わかりにくい反応、……自分の言葉は受け止めてもらえたのだろうか……。慣れないその時間がおわると、そこはかとない疲労感が残った。どうしたものか……。そこで、理事をしているNPO法人ハンズオン埼玉の仲間と相談して、オンラインで何ができるのかの模索をはじめた。右も左もわからぬままの出発だった。

まず、4月の最初の非常事態宣言下で、「ちくちくタイム」という手作りマスクを一緒に縫うオンラインイベントを開催した（179ページ参照）。やってみてわかったことは、場所は違っても、同じ時間に、同じ作業をしていると「一緒にいる」という感覚が持てるということだった。目線を落として作業をしながら、でも、おしゃべりに耳を傾けるのは、楽しい時間になる、と。その後もオンラインでのアイスブレイクの研究会を開いたり、とにかくこの新しい道具でどうやったら気持ちを通わすことができるのか、オンラインで「いづらくない」場とはどんな場だろうか、と研究を重ねた。

2020年の暮れ、「オンラインサロン名曲喫茶もちより」というイベントを開催した[写真1]。

やり方は簡単。参加者の各自が、「自分にとっての名曲」を一曲ずつ持ち寄って、順番にその曲の思い出や選定理由を紹介してもらいながら、オンラインで聴いていくというシンプルなもの。

実は、このイベント、当初、呼びかけをはじめたものの反応はさっぱりなし。「オンライン？　もちより？　なにそれ」という状態だった。なんとか知り合いに声をかけまくって、メンバーを確保。開催にこぎつけた。しかし、当日は予想以上の盛り上がりとなった。迷曲・略曲なんでもよし。この日、紹介された曲は全部で23曲。TM NETWORKにはじまり、八代亜紀からクイーンから、ドヴォルザークを経て、「むしまるQ」まで、

[写真1]

時代も青春もジャンルもかけめぐった。ＹｏｕＴｕｂｅで検索して、ＵＲＬをＤＪ係のスタッフに伝え、曲紹介の後に画面共有で流す。参加者のなかには、自宅のＣＤプレーヤーで流してくれる人も登場。不思議なもので、音楽が流れると、気持ちが動く。曲をかけている間は、チャット欄でおしゃべり。「私も好きなうたです～」「こんな面白い歌があるんですね～」などなど、笑い声があふれる、あっという間の3時間になった。チャットは、オンライン上でもっとも簡単なおしゃべりの手法だということを実感した。1曲ずつもちよるだけで、知らない人同士でもなぜか「一緒にいる」感がわいてくるから不思議。

以下、参加者からいただいた感想。


「あつまって、特に何か役に立つ話も勉強もなくても、こうやって時間や場を共有しあって、何か(今回であれば音楽)を間に挟んでじんわりと人との距離をつめていくって、コミュニティの根っこの部分を強くしてくれるものですね」

「地方都市の路地裏の怪しげなスナックにふらりと入ってしまった感じでした(笑)」

「はじめましての皆さまと、こんなに楽しくお会いできるなんて!」

「自分では絶対に興味をもたないような素敵な曲を沢山聞けたので、本当に楽しかったです」

「誰もが一度は出番があるところがいいですよね」

「好きな音楽を伝え合うって焚き火と同じ効果?がありますね」

「普段そんなに音楽を必要としない人間なんですけど、やっていくうちにワサワサいっぱい紹介したい曲が出てくる気がしました」

「クラシックは浮くだろうなあと冷や冷やしながらの参戦でしたが、マイノリティでも好きなものを好きって紹介できる場所、いいなあと思いました♡」

「匂いこそしませんが、体に流れた熱量が思い起こされます」


同じリズムの中にいることで、気持ちがあたたまってくる。コロナ禍以降、私たちがいかに気持ちの交流をする場を失っていたかを、あらためて痛感した日になった。

実は、この「一曲持ち寄り」イベントには、元ネタがある。長野県のいくつかの公民館でコロナ禍前から対面で開催されてきた。それまで公民館には寄り付かなった高齢の男性が多数参加されている、と聞いて、コロナ禍の直前、2019年の12月に、私も長野県千曲市の戸倉公民館におじゃましました(訪問記を171ページに掲載)。館長の北村勝則さんの「誰に気兼ねすることなく『俺が聴きたい』と思った音楽をかけていいんですよ」という言葉が印象的だった。実際、この時も館長さんの秘蔵の一曲は誰も知らない曲だった。そして、私たちがオンラインで主催した「名曲喫茶もちより」にも北村さんが参加してくださったが、あいかわらず他の参加者が全く知らない曲を楽しそうに紹介してくださった。

「みんなちがって、みんないい」という金子みすずの有名な詩がある。

ここで金子は、小鳥と人間では「できること」が違う、そしてそれがいいと言っている。

でも、違うというのは、もうひとつある。それは「好き」ということ。赤色よりも青色が好き。おでんならちくわぶが好き、春よりも冬が好き……。好きは、他人と比較しても意味がない。それが好きというもの。好きになるというのは、自分を含めて誰にも止めることができない。恋には落ちて（堕ちて？）しまうもの。逆に、いくら好きになろうとしてもなれなかったりもする。それは「意志」の力ではないということ。本人はそのことに対して無力だということ。努力は関係ない。言い換えれば、「まるごとの自分」ということになる。その意味で、自分が好きなものを、好きと表現すること。そのことを、まわりの人が、「そうなんですね～」と受けとめていくこと。

「私はこれが好き」の受容は、少しおおげさに言えば、その人の存在が肯定されるということではないだろうか。出会いは、まず「これが好き」の開示と、その受容からはじめたい。

さまざまな人が集まる場での自己紹介の場面で、私がもっとも多用する問いは、「あなたの好きな〇〇を紹介してください」だ。ものでも、ことでもいい。この問いは、まだ言葉を覚えたばかりの小さな子から、お年寄りまで、どの人とも成り立つ。最強であって、もっとも優しい問いかけだと思う。「好きなものは、カレーです」でもいい。「旅です」もいい。「図書館で本を読むことです」「〇〇というアニメの〇〇です」「迷ったら、とにかくやってみることかな」「新しいことを知ることです」——具体から抽象まで、どのぐらい「深く」答えるか、どのぐらい自分を開示するか、自由に選べる。その選択権が答える側に委ねられている。軽くかわすことも可能でもあり、深く考えることも可能。

「あなたの好きを教えてください」。

シンプルな問いから、不思議なあたたかさが生まれて来る。

ここで紹介した「オンラインサロン〝名曲喫茶もちより〟」をはじめさまざまな試行錯誤をもとにオンラインでの場づくりのポイントを一冊にまとめて発行した。『オンラインのあたたかい場づくり自主研究ノートver.1（ハンズオン埼玉発行　ころから発売　2021年）

2 「問い」はひとつ。「答え」はそれぞれ

数年前のこと、住んでいる団地の50周年記念の行事をやることになった。

式典が苦手な私は、団地に住む人たちと他に楽しくできることはないかと思案した。

そこで、民生委員をしていた経験（245ページ参照）から、なんらかの形でおしゃべりができる時間がもてないだろうか、そして、それがそのまま活かせるアートイベントができたらいいなと考え、

団地の広場で、『ダンボール団地』というワークショップを開いた［写真2］。

近隣のドラッグストアに協力をお願いして、大量のダンボールをいただいた。そして、近所の工業大学でまちづくりを学んでいるゼミの学生たちに協力を依頼。学生たちと一週間かかって、実際の団地とおなじ47棟をつくり、そこに1700世帯分の「窓」を切り抜いた。

そして、記念行事の当日、通りがかった住民に声をかける。

「どちらの棟にお住まいですか？」

「わたしは、2の6の209です」

「じゃあ、2の6号棟だから、この窓ですね」

「そうそう」

「なにをしている時が幸せですか？」

「そうねえ、ヨガをしている時かな〜。毎日やってるのよ」

それぞれ毎日なにが楽しみで、なにがつらいか、おしゃべりがはじまる。そしていつまでも終わらない。回答をもらうと、赤、黄色、緑、いろいろな色のセロファンに問いの答えを描く。そして、その方の部屋の窓に貼る。

「なにをしている時が幸せですか？」

「そうだね〜、競輪が楽しみでね」

「盆栽いじってる時かなあ〜」

若いお母さんは、「子どもと三人で川の字になって寝る時が幸せです」と自分で絵をかいていった。「カレーをつくるのが好き」と応えてくれたバングラデシュの方と知り合いになった。のちに彼は夏祭りに毎回カレーを出してくれるようになった。

たまたまカラオケ好きの人が同じ号棟の上下に住んでいて、このダンボール団地で知り合って、一緒に歌をうたいにいったという後日談も生まれた。

それぞれ長いと30分くらいしゃべって、満足して帰っていく。なかには10分くらいすると戻ってきて、お菓子を抱えて学生に「これ食べて」と、差し入れをくれるおばちゃんも。幸せなおしゃべりの時

[写真2]

間とともに、カラフルなイラストでダンボール団地の窓が埋まっていった。

　夜に、内側から灯(電球)をともすと、幻想的な風景があらわれた。「うわー、きれい」と歓声があがり、それぞれ自分の窓を確認したり、となりの窓をみたり、おしゃべりに花が咲いた。

　協力してくれた多くの学生たちは、公務員志望。普段、団地の高齢者の方々がどんな暮らしをしているのかを学ぶ機会となった。

「なにをしている時が幸せですか?」という問いに、ここでも答えはそれぞれ〈もちより〉だ。

「問い」はひとつ、「答え」はそれぞれ。「応え」あう中で、「おもしろい!」が生まれる。

　第6章(251ページ)で紹介する市役所でのダンボール遊びも、主催者が用意するのは、ダンボールと場所だけ。「今日は、ダンボールを持って来たよ〜。君だったらなにをつくる?」という「問い」。その呼びかけに「応え」て、それぞれの表現が生まれていく。参加者同士の「そうくるなら、私はこうしてみる」と呼応しあう関係の中で、その時間は遊びの時間になっていく。

　コロナ禍がはじまってすぐにはじめた「翔んでさいたマスクプロジェクト」(179ページ)もまた、「あなただったらどんなマスクにしますか?」という「問い」への「応え」として成り立っている。実際、贈られてきた4000枚のマスクは一つひとつすべて違っていた。形や柄が違うだけではなく、布の質感、縫い方も〝きっちり〟から〝ゆるゆる〟まで。匂いも違う。郵送されてきた箱や封筒を開けるたびに、その違いに驚くばかりだった。マスクは、埼玉県内のフードパントリーの場で配っていただいたが、配布の会場ではマスクの多彩さに、「うわーどれにしようか〜」「私はこれが好き」――などおしゃべりに花が咲いた。あるお母さんは「自分で選べるのは楽しい〜」とうれしそうに私に話してくれた。

③「お客様」のいない場づくり

私は、長年、埼玉の仲間とともに「あなたのまちで焚き火を囲んでヤキイモをしませんか」と呼びかけてきた（「おとうさんのヤキイモタイムキャンペーン」）。みんなで焚き火をしてみようという人を募り、地元の生協パルシステム埼玉から寄贈してもらったお芋をおくって応援するというシンプルな活動だ。17年間で1000カ所以上で開催され、合計10トンのサツマイモをおくってきた。ただし、お芋を送るといっても、全員分ではなく一カ所につき10キログラムずつ、いわば「〈遊びの〉種芋」として贈ってきた。なので、お芋を送ると同時に「ヤキイモやるなら、持ちよりでぜひ開催してみては」と提案してきた。そう呼びかける理由は、公共施設の職員、自治会やPTAの役員など「主催者側」が準備して、「焼いてあげてふるまう」という「ヤキイモのサービス」になると、人が交わり、互いを知る機会にはなりにくいことを長年の取り組みの中で実感してきたからだ。芋のみならず、食材はそれぞれが持ちよって火を囲みたい。そうすれば不思議と「みんなのヤキイモ」になっていく。誰もお客さんはいない、焦げようが、お芋が足りなかろうが、誰のせいでもない。そして里芋、りんご、するめ、サンマ、マシュマロ、イカ……「わ、そんなのもってきたの～!?」と盛り上がる。わいわいとやりとりしているうちに、いつのまにかそこは遊び心あふれる場になっている。

しかし、システム化＝市場経済によるサービスが生活のすみずみまで行き渡るにつれて、地域の活動も、誰かが誰かにサービスをする、というスタイルが広がってきている。たとえば、PTAなどで、その年役員になった人が、役員ではない会員にヤキイモをふるまうという形式をよく目にする。しかし、これをしていると役員以外の人、とくに前に役員をやったことがある人などは、「遅い」「小さい」「まずい」「高い」など消費者目線か、厳しい先輩の「チェック」目線になりがちだ。「私たちの時はこうだった」「今年はこれがない」「よそではこんなことをしているらしい、うちではやらないのか」と。現役役員さんたちは、こうした評価の目線をおそれて、落ち度がないようにと緊張する。そして、そんな一年間を過ごすと、「もうこりごり。地域の活動にはかかわりたくない」ということになる。そして、「私たちの代は、がまんしてやったのに」と、次年度の役員に厳しい目線を送るようになる。

また自治会などでも、役員を担っている人はとてもフットワークが軽く、こまごまと動く人が多い。だが当日の参加者は、やはり買う人、食べるだけの人になる。もともと仲良しの人とは、ヤキイモを食べながらおしゃべりして楽しそうなのだが(もちろん、それだけでも十分意味はあるが)、年配者と若い方、長年住んでいる人と新しく住み始めた方など、それまでつながりがなかった人たちが、互いを知る機会につながっていくかというと、なかなか難しい。

たとえば夏祭りなどの模擬店なども、「テントの中」はてんやわんやで交流が生まれるが、テントの外の集まった人たちはそれぞれ旧知の人と楽しむということになる。もちろんテントの中で関係は生まれるので、役員が交代していけば、その分関係はつくられていくので意義がないわけではない。とはいえ、近年はその役員がいやでそもそも加入を避ける人が増えている現実がある。

参加者がみんなで場をつくるための工夫が必要なのだ。

子どもが主体の遊びの場づくりをすすめるNPO法人日本冒険遊び場づくり協会の代表理事をつとめる関戸博樹さんは埼玉県在住。「おとうさんのヤキイモタイムキャンペーン」をきっかけに、自宅近くのマンション林立のなかの公園で毎年、公園利用者の方々と一緒に焼き芋をしてきた。さすがに遊びの場づくりのプロというべきか、関戸さんは、意図的に呼びかけ側も参加者も集合時間を同じにしている。ある年こんな報告をもらった。

私たちのヤキイモタイムの会場は街中の小さな公園です。公園で子どもを遊ばせている内に仲良くなった親たちが企画しています。そのため企画の中心メンバー以外は特に決まったメンバーがいる訳でもなく、不特定多数のご近所さんが一緒に楽しむ仲間として想定されています。

初めの年は、チラシは配ったものの、本当に人が来てくれるかわからずにドキドキしました。しかし、その不安も杞憂に終わり、多くの親子で賑わいました。私たち企画側はやりきった達成感でいっぱいとなり、「また来年もやりましょう」と次につながりましたが、一方で準備や片付けの大変さも残りました。

企画メンバー以外のご近所さんとも仲良くなりたいと考えていたため、ヤキイモの開始は11時だったのですが、チラシには「10時半〜準備始めます。当日のお手伝い大歓迎」と表記に工夫はしていました。しかし、多くの方は11時過ぎから公園にやってきたのでした。どうしても子連れで荷物もある状態ではスタート時間に間に合わない方が多く、企画メンバーで準備をある程度終えてから人が集まり始めるといった様子でした。

そこで、3年目は、企画する側と参加する側の集合時間を一緒にしてしまおうという話になり、チラシへの表記を「11時から」に変更しました。効果はすぐに見られました。11時過ぎからどんどん人が集まってくるのですが、なにせ企画側も来たばかり。ある程度人が集まってきた時点で声をかけ、はじめて準備スタートです。大勢で準備をすれば効率も良く、また、手を動かしながら自然と関わる接点が生まれ、その後のヤキイモ中のおしゃべりにつながります。

「私が参加したことで成り立った」——参加者の親がこんな風に感じて一日を終えてく

れたのであれば、このヤキイモタイムは大成功。きっと多くの親が「お客様から当事者」になるためのきっかけになるのだと考えています。

東北三原あそぼう会　関戸博樹

読者の皆さんは子どものころ、友達と遊ぶ時、最初から、「〇〇をしよう」と決めていただろうか。集まってから、「今日はなにする？」と決める（もめる）ことが普通にあったのではないか。そして誰かが勝手にやり方を決めたり、すべてを指図したりしたら、それは遊びになるだろうか。関戸さんからいただいた報告を読むと、あらためて、遊びが生まれるために、どこまでを準備し、また、準備しないのかという視点の重要性について考えさせられる。

流しそうめんをするなら、薬味をもちよってみてはどうだろうか。オンラインで自己紹介するなら、「冷蔵庫の一品」を持ってきて紹介してもらったらどうだろうか。

食べ物も、遊び道具も、労力も、話題も、経験も、知識も参加者が持っているものをみんなにシェアしてもらう。人の集まりにはそんな〈もちより〉の視点を含ませたい。そうすれば、自然とみんなが場の当事者になってしまう。そして、その場は、互いを知り合う自己紹介の場にもなっている。「へー、そうなんだ」「おもしろい！」が生まれている。

2 〈遊ぶ〉は〈あそび〉から

[1] 〈遊ぶ〉と〈あそび〉

医師の稲葉俊郎は、著書『からだとこころの健康学』で、健康について考える時に「あたま」と「こころ」と「からだ」を分けて考える必要があると述べている。

いわく、文明や経済の発展にともない、人間は「からだ」の一部だった「あたま」を肥大化させた。人が健康を考える時、本来は、「こころ」と「からだ」の状態に耳を傾けるべきなのに、「あたま」がそれをじゃまをする時がある(多い)という。たとえば、どんなに疲れていても、気分がのらなくても「明日、この仕事をやらなければならない」という指示をだすのが「あたま」だと。

それに対して「からだ」や「こころ」の言語は、「○○したい」というシンプルなものです。「好き」「心地よい」といった感覚を最優先します。走りたいから思わず走る。声を出したいから出す。それが本当の「からだ」や「こころ」の表現です。

＊稲葉俊郎『からだとこころの健康学』(ＮＨＫ出版)

[図版1]

現在
本来
～しなければいけない
あたま
～すべきだ
あたま
～したい
こころ・からだ
こころ・からだ
「あたま・からだ・こころ」の関係

＊稲葉俊郎　『からだとこころの健康学』(NHK出版)

稲葉の言葉を私流に解釈すると、「あたま」は「正しさ」を気にする存在。「からだ」や「こころ」は気持ちよさや楽しさが基準。以下、この区分を前提に、人はどんな時に〈遊ぶ〉のかについて考えてみたい。

ここでの〈遊ぶ〉とは、「やってみよう」という意味だ。「遊びなさい！」と命令されたら遊べないのが遊びというもの。

では、どんな環境を用意すれば「やってみよう」と思うのだろうか。

ここでいう「やってみよう」には2つの種類(状態)がある。

ひとつは、〝決断〟をした時に口に出る「やってみよう」。十分にあたまの中で考えて、経験と情報にもとづいた決定。意思を働かせる決断のイメージ。

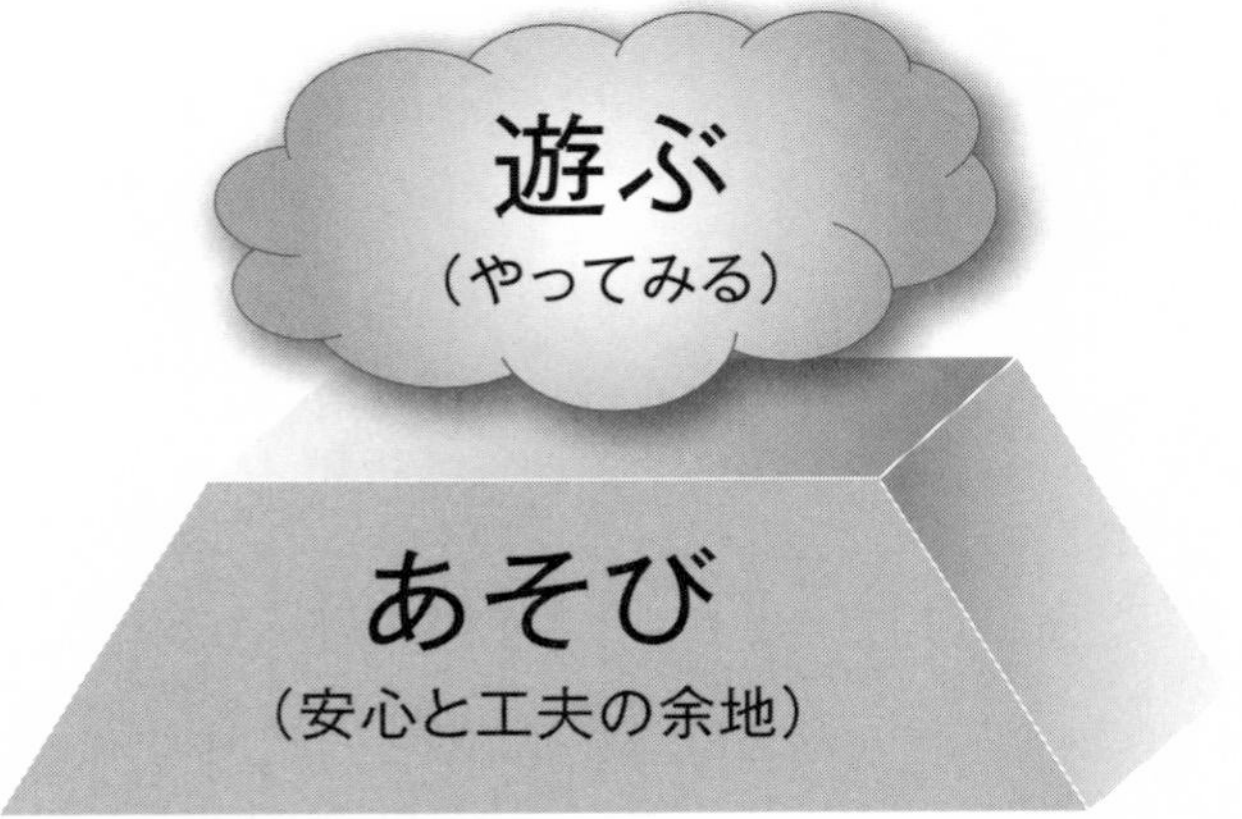

あそび（土台・環境）を保障すると、遊びが生まれる

［図版2］

一方、もうひとつの「やってみよう」は、〝気がついたらしてしまっていた〟というもの。おもしろ「そう」なことやってるなあと近づいていって、でき「そう」だから手を出してしまう。そこから、だんだんとテンションが上がって、からだが動いているイメージ。動いているのは、「あたま」ではなく、「こころ」。この節で考えてみたいのは、後者の「やってみよう」だ。

どんな時に人は、〈遊ぶ〉のか「あたま」ではなく、「こころ」そして「からだ」が動くのか？　長い間、教室で、路上で、オンラインで、さまざまな場づくりをする中で、私が実感してきたのは、〈あそび〉を保障することではないかということだ。

この場合の〈あそび〉とは、以下のような状態を言う。

①〈安心〉してそこにいられること

②自分なりに変えていくことができる〈工夫の余地〉があること

〈あそび〉の土台の上に、〈遊ぶ〉がいつのまにかぼわんと、発生しているというイメージになる［図版2］。

以下、ひとつずつ考えていきたい。

2 〈安心〉から遊びは生まれる

まずは、〈安心〉について。

元号の「令和」が発表された直後の2019年5月、路上遊びで「道で書くから書道」という遊びをやってみた［写真3］。路上にちゃぶ台を置いて、筆と硯と半紙を載せる。そして、ちょっと声をかけると、みな好き勝手に書いていく［写真4］。

「老令」と書いて、にっこり笑顔で写真をとっていった高齢の女性。

かわいい字で「だんご」と書く子ども。

［写真3］

「漢字の練習中デス」という外国ルーツらしきお父さんは、なぜか「沖縄」と書いてくれた。
「昭和」と書いたあと「の女」と小さく書き加える女性。
なぜか「冷やし中華」と書く人。

書道は学校でやったことがあるので、硯と筆と半紙を見た瞬間、「何をするか」は誰でもわかる。

ここでの場づくりのポイントは、できた作品をどんどん周りに張り出していくこと。うまいとはいえない、あるいは、いかにもらくがきというような作品が並んでいると、通りがかりの人に「何を書いてもいいんだ」という安心感が生まれる。この〈安心〉がある時、あたまで考える前に、人のからだはすでに動き出している。

おもしろそう、そして、やってみたらできそうという2つの「そう」があり、そこになにをやっても大丈夫「そう」あるいは、失敗してもなんとかなり「そう」が重なる時に、人は動く。

［写真4］

2020年の6月、最初の非常事態宣言明けに、久しぶりに地元の団地の広場で書道コーナーをやってみた。ある小学生の女の子はハングル文字を書き出した。聞けばKポップファンで、自分の名前をハングル文字で書いてくれたのだそう。もちろんそれも張り出した。別の女の子は「コロナ、くそ、ふざけんな!」と勢いある筆致で書き付けていたので、事情を聞くと修学旅行がなくなったのだそう。別の男性は「もう一度、10万円」、高齢の女性は、たどたどしい字で、「今日より明日」と書いてくださった。いろんな気持ちがそれぞれの作品からにじみ出ていた。「書道」をきっかけにおしゃべりの花が咲く。

3 「うまいねー」と「いいねー」

さて、以上のように道で書く「書道」は、毎回とても楽しい時間となるのだが、ひとつ重大な、〝弱点〟もある。学校や習い事での経験から、私たちが経験した書道にはいつも「正しさ」の影がついてまわるということだ。たとえば、真面目なお母さんが、つい子どもの手をもって書いてしまったりする[写真5]。良かれと思って遊び(やってみること)を奪っていることに気づけない。今の子どもたちをとりまく環境を象徴しているかのようだ。結果「良い」作品ができたとして、仮に、この書道の時間は、この子の時間なのだろうか。

〈安心〉の保障という視点で見ると、「それが遊びになるかどうか」は「その傍らにいる人の立ち方・

かかわり」が強く関係している。もうずいぶん前のことになるが、アーティストの藤浩志が、うまいねといいねの違いを、次のように書いていた。

「うまいねー」とか「上手だねー」とかの技術的側面をほめている言葉を仮に技術評価と名づけてみる。それに対して、「いいねー」とか「すごいねー」とか「面白いねー」とかの、行為に対する感覚的側面に対する言葉を感覚評価と名づけてみた。(中略)

上手にふるまうことへ導く価値観と、感覚的に自由にふるまうことへ導く価値観はまったく相反するものでもある。多くの大人がある時期に「「自由にふるまう感覚」を失い、「上手にふるまうこと」がよいことだと思い込み、常識に束縛され、……場合によっては、ある時点で、「技術的挫折」を体験する(中略)。

日常の中での感性や情念から動ける活動力や行動力。発想力や想像力。ものごとを具体的に組み立てる力を身に着ける段階で、もちろん技術的側面は必要な場合もあるが、それ以前に感情と対話する力を身につけることが重要だと思う。

「……と」の関係——つまり、誰が横にいたか——の関係の中で、好意的に「技術的評価」ばかりを与える大人しかいないとすれば、楽しく振舞うことの感覚や感情はどのような状況で、どのようにはぐくまれるというのだろうか?

そういえば、大阪の人の「おもろいなぁー」という言葉。これは大阪人の宝物なのかもしれない。

＊　「うまいねー」と「いいねー」の大きな違い。藤浩志Report　https://geco.exblog.jp/9528760/

「うまいね」は良し悪しを評価する言葉、「いいね」はおもしろがる言葉。その作品をおもしろがってくれる人が横にいると、遊びとして盛り上がる。視線は作品に向けられる。ともに作る人として対等な関係になる。でも横にいる人が、「その泥団子は75点」などと点数を付けはじめると、とたんに遊びではなくなる。視線が人格に向けられる。その場の権力を持つ者の上からの評価の目線が入ると、人は気持ちを閉じていく。

哲学者の鷲田清一は、こうした大人の関わり方について、絵などのいわゆる表現科目だけの問題ではなく、学校で行われる教育という営みそのものの問題として考えるべきではないか、と次のようなエピソードを紹介している。

［写真5］

知的障害のある児童たちによるアート作品の制作を支援している知人から、こんな話を聴いた。

夢中になって描いた絵に、「すごい」「びっくりした」と声をあげると、その子はそれとは違った絵を次々に描いてくれる。ところが、絵ができて、「よくがんばった」「よくできたね」と声をかけると、次にそれとおなじ絵をまた描くというのだ。

教育ということを考えるときに、このエピソードがもつ意味は小さくない。

たとえば小学校に入って経験する給食。先生と「今日のごはん、おいしいね」と声をかけあうのでなく、「全部食べられましたね」と先生に「完食」をほめられたとたん、給食は味気のないものになる。教師が、いっしょに食べる人ではなく、食べないでチェックをする人へと足場を移してしまうからだ。

＊『おとなの背中』鷲田清一著　角川学芸出版

小学校1年生は、みな絵を描くことが大好きだ。ところが、中学校3年生になると多くの生徒が絵が嫌いになって卒業していく。これは「お前は他の子よりうまい／下手だ」という評価を9年間繰り返し、「上手になる」ことを大人が求めてしまった結果ではないか。褒められるからやる、勝てるからやるという動機づけは、やがて「自分よりもできる人」が登場すると大きく揺らぐことになる。何かを表現してみたら、誰かの「応え」があると嬉しい。しかし、上から目線の評価が返ってくることを知ると、やがて、できる子は忖度をし、できない子は表現自体をやめる。好き／嫌いと、できる／できないは別の軸だが、できる子は好きと思い込み、できない子は嫌いと感じるようになっていく。

何かを表現してみようと思える空間には、必ず〈安心〉がある。〈安心〉のないところに冒険〈やってみよう〉は生まれない。強制的に表現を強いる場面が多い学校は、それゆえにこそ、なおさら場の〈安心〉が最大限、確保される必要があるはずだ。しかし、現実はそうはなっていない。大学生になるころには、もう表現をすることを極端に避けるようになる。みなのまわりで教員に褒められることを含めて、とにかく目立つことの一切を忌避するようになる。その意味で、勉強嫌い、音楽嫌い、スポーツ嫌いを量産している現在の学校は、根本から問い直される必要があるのではないだろうか。

学ぶことは本来楽しいことだ。スポーツも音楽も演劇も、みな英語では、「PLAY」するもの。つまり遊びだ。人生を豊かに、幸せに生きていくのに欠かせないものだ。であれば、少しおおげさな言い方をすれば、「傍らにいる人の立ち方」のありようによって、その人の人生の豊かさが決まるとも言える。

いわゆる従来の学校の先生的な立ち方ではないそれを模索しなければ、たとえば増え続ける不登校を減らすことなどできないだろう。国際比較で、最低レベルとされる子どもの自尊感情の低さが改善されることもないだろう。

この子どもの横にいる大人のありようについては、第6章で詳しく述べる。

4「あの子」が話す理由

数年前に出会って、今後、全国に広げていきたいと考えているワークショップに「トークフォークダンス／大人としゃべり場」というものがある（コロナ禍の直前に、全国の仲間と集会をひらき、広げていくための準備をしていたのだが、多人数が閉じられた場所で、一斉に話すという特性から、いったん中断している）。

中学生と大人が輪になって一対一で向き合って座り、進行役が出す質問について、それぞれ1分ずつ話すというシンプルなワークである［写真6］。この一対一で話し、次々に相手を変えていく手法を、「トークフォークダンス」という。それを大人と子どもでやる時に、「大人としゃべり場」と呼ぶ。

「大人の方に質問です。子どもの頃、大好きだった場所を紹介してください」

進行役の合図とともに、大人が子どもに一分間話す。

「今度は中学生のみんなに質問です。いま、何をしている時間が好きですか？」

1分ずつ終了すると、中学生は時計回りにひとつ席を移動してもらう（左隣りの人と対面する）。

ここでも「問いはひとつ、答えはそれぞれ」。

応え合うことであたたかい時間になっていく。

参加した大人からの感想。

「我が家の中1男子は、家で『うぜ～。きもっ』しか話さないので、おしゃべりできてとても嬉しかった。聞いたら『きっと、みんなそうですよ～』と話してくれて、『そっか～』と思い、今日みんなと話したことは、きっと我が息子と話していることとなんだなあ～と思った。宝物にするよ～」

「子どもたちは、とてもしゃべりたがっているということを強く感じました。大人は、子どもたちの話をもっと、もっと、も～っと、聞いたほうがよいと思います」

中学生からはこんな感想をもらう。

「最初はやりたくないと思っていて、何でやるのかなと思っていたが、いざやってみると楽しかった。ふだん、大人といったら家族とかしか話さないので、知らない人と話せて良かった」

「看護師の方のお話で、『私は、人生が最後の人と一緒にい

[写真6]

る（ターミナルケア）』ときいて、なみだが出そうになりました。看護師の仕事は、医師の手伝いなどのサポートをしていると思っていて、そしたら全然違くて、今回はじめて看護師の仕事の大変さを聞いて、心に残っています」

中にはこんな感想も。

「大人の人は、難しいことを考えていると思ったけど、案外、子どもと考えていることは同じだったことにおどろいた」

「大人の方が、初恋の相手の名前に入っていた漢字を結婚して、自分の子どもの名前にもいれた、という話がおもしろかった」

このワークショップ、不思議なことに、教室で全くしゃべらない男の子でも、ここでは話しているらしい。担任の先生がかならず驚く。「なぜあの子がしゃべっているの？」と。

その秘密は、このワークショップのルールにある。始まる前にかならず次のことを伝える。

「聞く方の人は、話し手を否定をしない、説教をしない、アドバイスをしない、とお約束ください。とにかく聴くことに徹してください」

とくに大人には強く要請する。そして、

「しゃべる方の人は、無理してしゃべらなくていいです。話せることだけ話してください」

と伝える。さらに、

「質問に答えるのが難しかったら、『うーん』と一分の間うめいていてください」

こう伝えると、必ず、会場には笑いがおきる。その笑いにはかすかに安堵がまじりあっている。最初は「そうはいうけど……」と懐疑的だった中学生たちも、席を移動しながら二、三人の大人と話すと、だんだんと口が開いていく。それは、「今日は、何を話しても、目の前の大人は否定しない、聞いてくれる」ということがわかるからだ。

これに対し、普段の教室では、「先生がもっている正解」をあてるために発言をする。もし、あてられなかったら先生からはダメを出され、友達からは笑われる。そのリスクをおってでも手をあげるなんてありえない、黙るのが一番となっていく。

ひとことで言えば、「聞く耳が大人にあるのかどうか」なのだ。

このワークショップでは、話しているうちに涙ぐむ大人も多い。その理由を推察すると、ひとつは、過去のさまざまな感情に触れるからだろう。たとえば、「子どもの頃の、おいしかったなあという思い出を教えてください」「人生の転機を教えてください」などの質問がある。答えているうちに、楽しかった時のこと、つらかった時のことが思い出される。高齢の方などは、もうそれだけで涙ぐまれる。

しかし、涙の理由はもうひとつある。

それは、子どもたちが、一所懸命に話を聞いてくれるということだ。大人の感想には、少なからず「こんなに自分の話ができたのは、ほんとに久しぶりです。元気が出てきました」という声が寄せられる。「子どもたちのために、お時間をください！」と呼びかけて大勢の大人に会場に来てもらうのだが、実は中学生による大人への傾聴ボランティアでもあるのではないかとすら思えてくる。

ここなら話してみても大丈夫、そんな安心感(心理的安全性)を確保すれば、人は話す。とぎれとぎれで小さな声でも、一生懸命に自分の考えを吟味しながら。なんとか伝えようとしてくれる。そんな中学生を見ると、普段の教室で、〈安心〉が保障されているのかどうかが問われているのではないか、と思う。

5 答えのない授業

非常勤講師をしている大学の授業の中でも〈安心〉の必要性については、常々感じてきた。どんなに少人数の授業でも、学生たちはなかなか自分の意見を言わない。そこで、たとえばまず手元でそれぞれ書いて、それをせーので見せて、その上で一人ずつ話をしてもらう。それだと、なんとか話してくれる(それはとてもおもしろい意見が多かったりする)。それでも学生同士でそれについて議論がはじまるかというと、これがまたむずかしい。友達同士、横に座っていると、私が「どう思いますか？」と質問をすると、こちらに答える前に友達の顔を見てしまう。お伺いをたてている。なぜこんなにも、自分の意見を、あるいは気持ちを表現することを怖がるのか。教室で公式に自分の意見を言うことについて、よほどよい思い出がないのだろうと想像する。

私のこの大学での授業は、例年、教室にいる時は参加型で議論をし、いない時は、あちこちのNPOの現場に出かけて、地域で学ぶというスタイルをとってきた（第4章参照）。しかし、2020年春、コロナ禍でそれがかなわなくなった。大学側からの要請は、最初の年はすべてオンライン（リモート授業）で実施してほしいとのことだった。しばらく思案して、私はいわゆるリモートの授業（オンタイムでのやりとり）も、「オンデマンド配信」も捨てて、すべてをメールによる言葉のやりとり、という授業に挑戦してみた（75ページ参照）。映像をみてもらい感想をもらう。その全員の感想を全員にもどし、さらに「○○さんへ」と宛名つきのコメントをもらう。そのコメントをまた翌週全員に戻すという公開集団文通授業。当時大学生は自宅待機を指示され、ほんとうに一歩も外にでていない子も多かった。他の家族は6月に自粛が明けると、仕事に学びに毎日出かけていったが自分は一人家の中……。そんな閉塞状況で、毎週、自分の書いた言葉に、「そうだね」と応えてくれる誰かがいる。「それがうれしかった」とほぼ全員が授業の終わりに書いていた。

手紙は、すべてペンネームで書いてもらうことにした。ゆえに、それを誰が書いたのかは、学生同士は知らない。そんな特殊な環境をあえてつくってみた。実は小さな学科なので、互いのことをよく知っている関係だ。そこで、あえて人と意見を切り離すことによって、関係性にひきずられ過ぎず、自分の意見を率直に表現してもらうことを優先した。こんな感想をくれた学生がいた。少し長くなるが、引用する。

この授業を受けて学んだことの中で大きく考え方が変わったことは「学ぶ」ということです。

私は中学以降の学生生活の中で、先生に当てられて何か発言をする、自分の考えをレポートにまとめるといった時、正解が何だか分からないけど正解を出さなければならないというプレッシャーを常に感じていました。中学受験をして、自分よりもはるかに学力の高い人が揃う進学校にたまたま合格し、常に周りと自分を比べていつも自分を卑下する生活をしてしまっていたことが大きいと思います。そのため、授業で先生に当てられても自分の考えはきっと間違っていると思い込んで言えず「分かりません」と言って逃げることや、レポートには自分の本心ではない綺麗ごとを並べて当たり障りのないようにするという癖が付いていました。その行為は思考を停止させてしまう行為だったのだと今は思います。しかし、この授業の「自分の感じたこと、考えたことを何でも率直に自由に書いてください」という問われかたで、自分の素直な考えを文字にしてみようと思えたのです。実際にやってみると自分の考えを文字にするのは時間をとても要すること、同時にこれまで私は無意識的に綺麗ごとを書いていたことにも気が付き、すこしショックでした。（中略）また、マジョリティの意見と自分の意見が合えば共感を多く得られ意図的に合わせようともしてしまいますが、必ずしもそれが正しいとは限らず、むしろひとりひとりが違った方が学びに繋がることも授業を通じて思いました。

人はひとりひとり違って当然であるのに、なぜみんなと同じ方が良くて違うことは恥ずかしいと感じてしまっていたのだろうと当たり前なのに出来ていなかったことを考えさせられました。実際、授業の中で一言一句同じ意見の人はおらず、同じような内容でもそれぞれの言葉で表現されていて、これが日常であるべきなんだよなぁとしみじみ感じました。

自ら疑問を持ち考えを自分の言葉にする、そして、その言葉を他者に展開して共感を得たり新たな考え方を得たりと自分の考えを補強する、まさにこの授業そのものが「学ぶ」ということの本来あるべき姿だろうと思いました。

この学生のレポートは、「文字ではなく対面でもお話しできる機会が今後あると嬉しいです」と結ばれていた。

学生が言うように、もちろん、匿名などにせずとも同じことができることをめざしたい。「これが日常であるべき」なのだ。でも大学に進学するまでの日常の中で発言してもいいことがなかったという記憶を持っている彼女たちにはとてもハードルが高い行為となってしまっている。そこで、自分を表現する、それを受け止めてもらうというやりとりにまずは慣れてもらえたら、と考えた。匿名といっても、閉じられた空間なので、荒れることもない。

この経験をもとに、さらに翌年は、オンラインと対面がまじりあった授業を試みた。初回は前述のトークフォークダンスを学生同士でやってみた。まずは、楽しいおしゃべりから。そして、私の地元のNPOに協力を依頼し、「哲学対話」をオンラインと対面で2回やってみた（114ページ参照）。顔が見える関係の中で、深い対話の時間を持つことができた。「将来の夢」というテーマで話し合ったのだが、「仲のよい友だちだけれど、将来のことやいまどう感じているのかなど深い話はなかなかできなかった。だから今回とてもうれしかったし、たくさん考えた」という感想が多く寄せられた。他方、各回の授業の感想は、前年度の「匿名手紙方式」をとりいれ、「○○さんへ」と応答を繰り返した。対面・リモート・文通の「ハイブリッド」方式で、とにかくたくさんの言葉を交わらせた。ある学生はこんな感想を最後に寄せてくれた。

全15回のこの授業を通して出会ったのは、等身大の大学生である同級生の本音と、真っ直ぐに自分の人生を生きている素晴らしい大人の方々です。同級生でも、ましてや普段一緒にいることが多い友達であっても、将来のことや普段考えていること、感じていることって意外とじっくり話す機会ってなかなかなかったなあと思いました。私は将来についてもまだ何をしていいかわからないし、今を楽しく生きている気がしているけど、一方でこのままでいいのだろうか？何かいろいろしないといけないのではないかと急に不安に駆られたりします。でもそういう悩みや不安を同じように抱えている同級生がいるということがわかって少し心強かったです。

いまの日本の子ども・若者がどんな環境の中で暮らし、どのような生きづらさを抱えているのかが垣間見える。長年、正答を忖度する練習を強いられれば、子どもは内側に閉じこもる。そうして身につけた「他者が決める正答に向かって、自分だけでがんばる」というふるまいは、教室を出たあとも身体からはがれずに続く。ほんとうに助けが必要な時が来ても、「助けて」と言う発想をそもそも持てていない。そして、他者にもそれを要求するようになる。「私がガマンしているのに、あの人はずるい」と。障害や疾患を持つ人への「合理的な配慮」が「不公平」や「えこひいき」に見えてしまう。自己責任という冷たい言葉は、この社会に生きる大人たちの孤立した精神世界を示す言葉なのではないだろうか。

うれしいことをうれしいと、つらいことをつらいと表明できる場をつくることからはじめたい。

その上で、意見が異なっていても、だからこそ話す価値があるという体験(「おもしろかった」)を人生の初期の段階で味わえる機会を保障したい。応答関係を十分に味わってほしい。そんな対話の経験を持つことができれば、意見が異なることは怖いことではなくなる。次章以下で、地域でのさまざまな活動がどうやったら楽しいものになるのかについて考察するが、そのポイントは他者とともに「あーだこーだ」と試行錯誤することができるかどうかだ。その試行錯誤に必要なのは、話す、受け止める、応えるという関係の中から、合意、納得を生み出すこと、すなわち対話なのだ。対話はいわば「みんなで」遊ぶための基盤だ。その意味で、子どもたちが強制的に動員される場である学校は、なによりもまず対話を体験できる場であってほしい。対話を通じて、自らの所属する場を他者と共同で治める経験をしてほしい。そんな自治を経験できれば、自治を犯す権力(者)があらわれた時、抵抗することができる。上からの正解として与えられる(往々にして排除をともなう)「みんなで」に違和感を持つことができる(133ページ参照)。

全国の小中学校の不登校の児童・生徒数は、24万4940人(2021年度の年間30日以上欠席の児童生徒数で、病気や新型コロナ感染回避等の欠席は含まれていない。これは10年前の約2倍にのぼる。また、中学生で不登校傾向にある子は、不登校児の約3倍いるとする調査結果もある)。児童・生徒数は減り続けているのに、不登校は増加の一途をたどっている。

学校は、児童生徒に安心を保障できているだろうか。教室は、学生が言うように「自ら疑問を持ち考えを自分の言葉にする、そして、その言葉を他者に展開して共感を得たり新たな考え方を得」る場になっているだろうか。学校は、私たち大人が子どもたちを対象に用意した社会的なシステムだ。一方的に点数をつけ、子ども同士を比較し、脅して、（本来の学びでもなんでもない）暗記の競争をさせることをいつまで繰り返すのか。明らかにもう限界だと子どもたちは言っている。私たち大人が問われている。

3 「たのしい」が生まれる環境とは

1 「おもしろかった！」の理由

ここまで、〈あそび〉を構成する2つの要素のうちのひとつ、〈安心〉について述べてきた。では次に、もうひとつの要素、〈工夫の余地〉について考えたい。

私の住む公団住宅は自治会活動が活発に行われて来た。しかし近年、高齢化率が50％を超え、活動の担い手がなかなか見つからない。そこで中学校に依頼し「ボランティア」を募ったりする。しかし、先生になかば強制的に連れてこられたりもして、やる気……ううむ、の子もまじる。他方、運営はといえば作業の中身がすべてあらかじめ決まっており、結果、「はい、中学生〜! こっちの椅子を運んで〜」などの指示語になりがちで、中学生にとっては言われたことをやるだけの時間になってしまったりすることもある。

そんな折、たまたま団地を会場に多文化交流がテーマのイベントを開催することになった。私は『うちのまちの世界のごはん』と題する次のような企画を提案した。①外国にルーツを持つPTAのお母さんなど地元の知り合いに声をかけて、家庭料理の模擬店を出してもらう、②そこに中学生に参加してもらって、一緒に料理をしたり、売ってもらおう、というもの。「違う」ことを豊かなことだと感じてもらうには、食べることから入るのが一番効果的だからだ。そして、小さなチームで一緒に働くことで、「外国人」や「中学生」というくくりではなく、互いに名前のある人として出会ってほしいという願いをこめた。当日は、予想をこえる人で賑わった。中国、タイ、ベトナム、コリア、ブラジル、バングラデシュ……それぞれのお店で、中学生が大活躍してくれた[写真7]。

私が担当したコーナーは、五輪ならぬ「七輪ピック」。お客さんに七輪でおせんべいを焼いてもらい、世界各国のディップを選んでおせんべいにつけて食べてもらおう、というお店だった。

3人の中学生が「七輪ピック」を手伝ってくれることになった。朝、顔合わせして自己紹介したあと、このコーナーのねらいを伝える。

「せんべいを売るっていうより、お客さんと楽しい時間をつくりたいのね。失敗してもいいので、具体的にどうするかはみんなにまかせるから、やってみて～。でも大赤字になると、私が払うことになるのでそこんところよろしく(笑)。困ったことがあったらいつでも相談してね」。

そして、メキシコの辛いタコスソース、デンマークの甘いジャム、リトアニアの一風変わったマヨネーズ……多彩かつちょっとあやしげなディップを並べるところから作業開始。

中学生のひとりKさんは、最初、とても硬い表情で、「まかされても～」ととまどい気味。それでも、お客さんから「これはどこの国のもの？」と聞かれると、瓶の前に地名を書いた札をつくって置いたり、別のお客さんから「このメキシコの辛いディップ、案外せんべいにあうわよ」と聞くと、その感想をポップに書いて貼り付けたり。おしゃべりな団地のおばちゃんたちとこんなやりとりをしながら工夫を重ねるうち、だんだんとやる気が湧いてきて表情も明るくなり、最後は「七輪ピック！　世界のディップつけてみよう！」と自作の看板をつくり、楽しげにおすすめディップを語っていた。

夕方、店を閉めて感想を聞くと、満面の笑みで「たくさんの方に

[写真7]

声かけてもらって、おもしろかったです！」。

システム社会の現代。私たちは、やり方や答えが最初から決められた世界に生きている。逸脱して責められないか、笑われないかと失敗におびえ、自分から何かをしようとすることが怖いと感じてしまう。

この日、コーディネータである私が、彼女たちに伝えたのは、「何かあったら相談して、失敗しても大丈夫だから」という〈安心〉と、「自分たちなりにやってみて」という〈工夫の余地〉だった。

企画を立てる時、どこまでを運営者が準備し、何を当日のスタッフに委ねるのか、どこを来場者と一緒につくるのか。企画の段階で、いつもそのことだけは真剣に悩む。

「そこに、〈安心〉と〈工夫の余地〉はあるか？」と。

前節で紹介した「もちよる」も、〈工夫の余地〉を残すための手法のひとつだ。そこには、何が集まるかわからない、という主催者にとってのリスクがともなう。予想外であわてるかもしれない。でもだからこそ、思いがけないおもしろさが生まれる。「その年の役員」がサービスとして焼き芋を提供すれば、リスクは減るかもしれないが、それでは参加者の〈工夫の余地〉もなくなることになる。つまり当事者になるチャンスがひとつ減る。そうして「お客様」になっていくと、クレームというう れしくない「おつり」が返ってくる。さらに、こうした運営の場合、スタッフの事後の評価も「あれがだめだった、これが足りなかった」という減点方式の反省ばかりすることになる。

ボランティアとの関係でも、ボランティア自身の〈工夫の余地〉がなければ、決められたことをやるだけになってしまう。ボランティアが「これは私のイベントだ」という当事者意識を持つためには、ボランティア自身が苦労をして=工夫をしていくことが不可欠だ。「大変」がなければ「やってよかった」は生まれない。ポイントはその苦労の仕方だ。「一人で大変、誰にも相談できない」となるとその時間はたちまちつらい時間になっていく。他方、困った時は誰かに相談ができる、そんな「ともに悩む仲間」がいれば、その大変さは、たとえ結果がうまくいかなくても「楽しかった」とふりかえることができる(つまりよい共通の思い出になる)。プロセスの中で、他者との関係性(仲間意識)という成果がすでに生まれているからだ。このことについては第2章で詳述する。やってよかったと思えるかどうかかと、結果がいわゆる「成功」で終わるのかどうかは本来別の問題なのだ。

七輪ピックから数日して店員で活躍してくれた男の子が、「いつものボランティアと違っておもしろかった。あんな感じならまたやりたい」と言っていたそうだ(彼と同じクラスの私の娘から聞いた)。問われるのは「いつものボランティア」のありようではないだろうか。

②〈工夫の力〉と〈工夫の余地〉

ここまで述べてきた〈工夫の余地〉のあり方を図示すると図版3になる。

縦軸は、その個人または集団の〈工夫する力〉。図の上は与えられた状況の中で、なんとか工夫

＊ 上下の軸を、「工夫する力」と表現しているが、ここでいう「力」は、直接的にそれができる・できないというよりも、与えられた状況の中で、なんとか工夫してみようとする指向性の強弱という意味合いで使用している。また個人についての場合だけではなく、集団についてもあてはめることが可能だと考える。「1年目は工夫する余裕がなかったが、一通りやってみたので、今年、2年目は変えていけることができる」などその組織のその時、その年の状況としてどうか、という意味での「力」という意味を含めている。

＊ 図の左右の工夫する余地は、右にいくほど、プログラムの自由度が高い（やわらかい）。やり方が決まっていない。マニュアル、ルールが少ない。自分（たち）で決める領域であるということ。逆に、左の端はすでにやることや、やり方が決まっている、自由度が低い。限られた部分でのみ工夫ができるという領域。

ちょうどよい「余地」があると「楽しい」が発生する

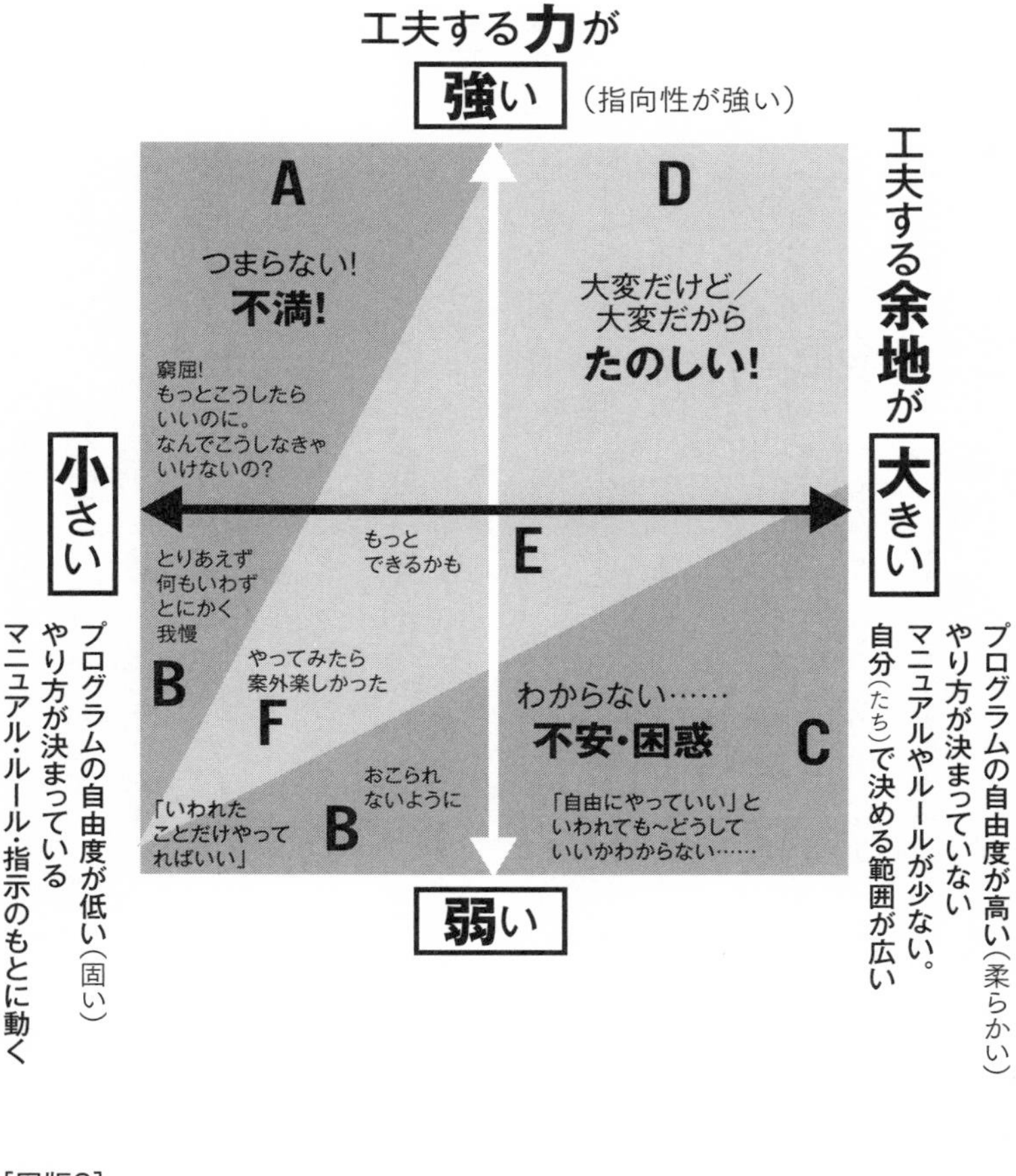
工夫する力が
強い
（指向性が強い）
弱い
工夫する余地が
小さい
大きい
A
つまらない!
不満!
窮屈!
もっとこうしたら
いいのに。
なんでこうしなきゃ
いけないの?
D
大変だけど／
大変だから
たのしい!
E
もっと
できるかも
とりあえず
何もいわず
とにかく
我慢
B
やってみたら
案外楽しかった
F
わからない……
不安・困惑
C
おこられ
ないように
「いわれた
ことだけやって
ればいい」
B
「自由にやっていい」と
いわれても～どうして
いいかわからない……
プログラムの自由度が低い（固い）
やり方が決まっている
マニュアル・ルール・指示のもとに動く
プログラムの自由度が高い（柔らかい）
やり方が決まっていない
マニュアルやルールが少ない。
自分（たち）で決める範囲が広い

[図版3]

してみようとする指向性の強い人。横軸は、〈工夫の余地〉の大きさ。右にいくほど広く、自由度が高い（柔らかい）。やり方が決まっていない部分が大きい。マニュアルやルールが少ない。自分（たち）で決めることができる余地が大きい。一方、左に行くほど、〈工夫の余地〉は小さい。プログラムの自由度が低い（固い）。やり方が決まっている部分が大きい。マニュアルやルールで動く。用意された枠の範囲でのふるまいとして、誰かの指示のもとに動く。

力（指向性）のある人なのに、「固い（変えにくい）」プログラムをおしつけると、「窮屈！」と不満になる**【Aの領域】**。逆に力（指向性）がないのに、「全部、まかせるからよろしくね」といわれると不安や困惑が生まれる**【Cの領域】**。

人が「自分もなにかできるかもしれない、やってみたい、自分が当事者だ」という気持ちが持てること、つまりエンパワメントにつながるには、適切な〈工夫の余地〉が必要になる。いまのその人、その組織の状態をどう見るか、図のどこにいるのか、適切な見立てがあれば、何をどこまで用意するかが見えてくる。その人（または集団）がもっている力とこころの動きに関心を寄せて、適切な「固さ」を用意することができれば、参加者は場の当事者になっていける。前述の「七輪ピック」の例でいえば、素材とコンセプトを用意するところまではこちらの仕事、しかし、それをどう展開するか、お客さんとのやりとりの中で、場をつくっていく工夫をするのは当日参加してくれたボランティアの中学生たちの仕事。もちろん企画からかかわってもらうこともできたかもしれないが、あの時は、当日のみのボランティアという条件だったので、その上での〈工夫の余地〉を考えた。まったく「自由にやって」と言われても困るだろうし、「すべてこの通りにやって」と指示されてもおもしろくない。適度な〈工夫の余地〉(苦労)があれば、それは楽しい時間になる。自分次第でできるかもしれない(「できそう」)と思えるような環境を用意することで「やってみよう」を誘発することができる。「おまえにまかせた」がなければ人の自発性は発動しない。でも、全部おまかせ、では不安になるだけだ。そのあんばいを調整する(コーディネート)ことができれば、そこに自発性が生まれてくる。

いわゆる遊びの場面で、この役割を果たす人のことをプレイワーカー、この役割のことをプレイワークという。プレイワークの視点をもって場をつくる人がいると、遊びは「自然発火」していく。また、会議や研修の場でのファシリテーションもこの図で示した調整の機能と重なる。人々が、思わず考えを深めてしまう、他者と対話をはじめてしまうためには、どんな環境が適切なのか。そのことを気にするのがファシリテーターの役目。その時、そこにいる参加者にとって適切な人数(グループサイズ)、時間、机・紙などの道具、そして共有すべき情報と、問いが用意されると、自然にやりとりがはじまる。前述の「大人としゃべり場」では、「1分で」、「聞き役と話し役を固定」し、雑談ではなく「問いをファシリテーターが投げかけてそれに答える」というとても「固い」プログラムにすることによって、逆に、参加者に表現を促す。「自由に話してください」では、生まれない思わぬ言葉、そして気持ちのやりとりが大人と子どもの間に発生する。図でいえば、左下【F】の領域になる。「雑談」は自由度が高いので、中学生にとっても、大人にとっても、難しく、どうしていいかわからず不安・困惑を生む。結果、大人ばかりが話す。

３ ボランティアコーディネーション

ボランティア活動で、この工夫する力と余地について関心を払い、その都度、必要な調整をかけていくことをボランティアコーディネーションという。ボランティアコーディネーションの概念を長年日本で広めてきた認定ＮＰＯ法人日本ボランティアコーディネーター協会はボランティアコーディネーションを次のように定義している。

「一人ひとりが社会を構成する重要な一員であることを自覚し、主体的・自発的に社会のさまざまな課題やテーマに取り組む」というボランティア活動の意義を認め、その活動のプロセスで多様な人や組織が相互に対等な関係でつながり、新たな力を生み出せるように調整することで、一人ひとりが市民社会づくりに参加することを可能にする働きである。

＊ 『ボランティアコーディネーション力　市民の社会参加を支えるチカラ』（中央法規２０１５　認定特定非営

ちょうどよい「余地」があると たのしいが発生する

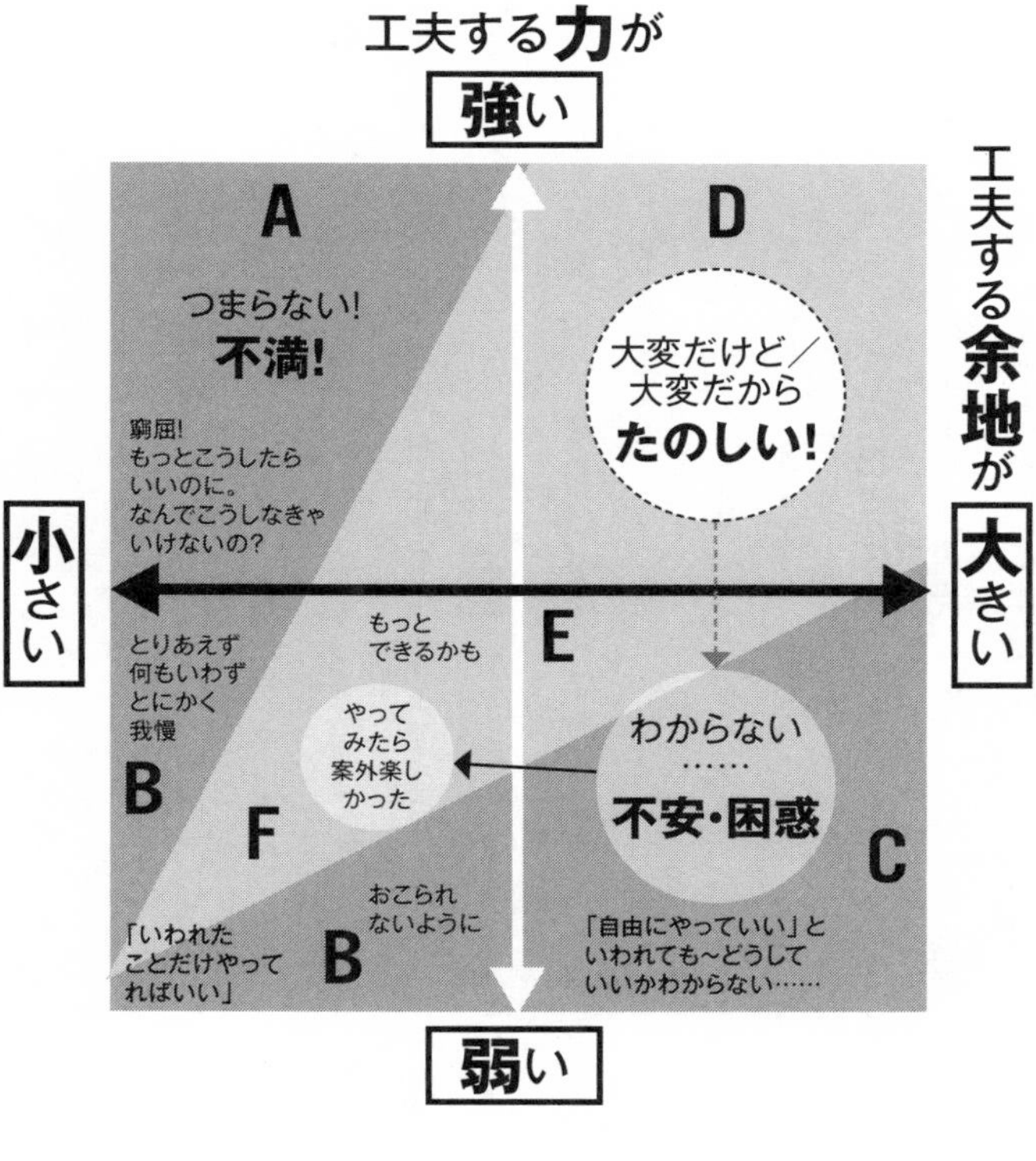
工夫する力が
強い
弱い
工夫する余地が
小さい
大きい
A
D
つまらない!
不満!
窮屈!
もっとこうしたら
いいのに。
なんでこうしなきゃ
いけないの?
大変だけど/
大変だから
たのしい!
もっと
できるかも
E
とりあえず
何もいわず
とにかく
我慢
やって
みたら
案外楽し
かった
わからない
……
不安・困惑
B
F
C
おこられ
ないように
「いわれた
ことだけやって
ればいい」
B
「自由にやっていい」と
いわれても~どうして
いいかわからない……

[図版4]

ボランティアコーディネーターとは、コーディネーションを通じて、参加者・関係者をエンパワメント（暮らしや社会を自らの力で変えていくことができると思えること）していく人のこと。たとえば、はじめてボランティアに来た人に「自由にやっていいよ」と伝えても、「何をどうしていいかわからずすっかり困惑」となることが多い。そこで何か役割を指定して、「ここをやってみてくださいませんか」というと、ほっとした顔になる。前述のヤキイモタイムなどに参加してくれるお父さんなどもそうだが、「する」ことがあると「いる」ことが楽になる。なにもせず、放っておくと【C】（不安・困惑）の状態になる人に、具体的な活動を指定する＝プログラムを提供する（＝左に移動してもらう）ことで、楽しいと感じてもらう【F】ということができる。

ボランティア活動はまずは、身体を動かしてやってみるところからはじまることが多い。ほぼコーディネーターの指示に従って動くという場合もよくある。この場合、一見、〈工夫の余地〉はないようにも見えるが、たとえば、活動をしたあとにそのふりかえりを丁寧にすると、参加者から「あの場面は、こうするとよかったのでは？」という意見が出てくる。その意見を生かしてやり方を変えたりすると、その日はじめて参加した人も、「この組織だったら自分がやりたいことができる、自分の意見を聞いてもらえる」と感じ、より深くコミットする動機が生まれる（【F】↓【E】の可能性をもつ)。「私も一緒につくっている」と思えることが活動の広がりや継続・発展につながる。

ずっと昔、私が学生だったころは、大学生は勝手に地域、社会に飛び込んでいった。ボランティアしてみようと思うような学生は、概ね、図版4の【D】の人だった。が、今日では、社会経験の不足など、子ども時代のありようの変化や社会システムが大きく変わったことで、大学生といえども、いきなり社会に出ると【C】(困惑)になってしまうようになった。そこで、誰かがプログラムを整え、役割を明確にし、その中での小さな工夫ができるようにコーディネートする必要が生じた。大学側でその調整をするのが大学ボラセン(学生ボランティアセンター)だ。2000年代から設置されはじめ、東日本大震災などを経て、多くの大学ボラセンができボランティアコーディネーターが配置されている(学生自身の運営によるボランティアセンターや大学と学生が共同で設置している場合もある)。大学ボラセンは、学生の状態(上下)にあわせて、プログラムの固さ(左右)を調整し、本人が楽しい、おもしろい、と感じることができるように整えていく。工夫することのおもしろさを知った学生(現場では「自信をつけてきた学生」という言い方をしたりする)には、より大きな余地(たとえば、そのプロジェクトにより深い影響を与える決定への参加)を用意し、そうでない学生には、比較的固いプログラムの中で、「ここはまかせるから、やってみて」と伝える。一参加者ではじまり、学年を重ねると、運営者になっていく。これが一般的な学生サークルの運営体制だが、コロナ禍で危機に瀕しているのはこの流れだ。

また、学生を受け入れる団体側に図の左右を個々の学生にあわせて調整してくれるボランティアコーディネーター（団体側のボランティアの受け入れについての担当者）がいると、大学ボラセンは、安心して学生に活動先としてその団体を紹介することができる。さまざまなタイプ・状況の学生が参加しても、それぞれに「次もやってみたい」と思える環境を整えてくれるからである。また、活動のふりかえりを丁寧に行うことで、より深い参画【F→E→D】を促してくれたりする。単純な労働力として扱うことはしない。なぜ学生ボランティアに参画してもらうのか、についての認識をきちんと持っている。いわゆる支援される側にとっての意味と、支援する側になる学生との両方にとって価値がある活動になるように配慮してくれる。前掲のボランティアコーディネーションの定義の中に「相互に対等な関係でつながり」という表現がある。この「対等に」というのは、いわゆる支援する人とされる人が、支配・被支配、コントロールする・されるという関係ではない、という意味合いを持つ。

また、ボランティアコーディネーターを団体側に置いてもらうよう働きかけたり、団体側と相談しながら学生が活動しやすいプログラムを整えたりするのも大学ボラセンのコーディネーターの仕事ということになる。学生にとって、〈安心〉と〈工夫の余地〉を保障するにはどうしたらいいか、団体の担当者とともに心を配る。たとえば、「当日のみの参加」は、どうしても大人の指示で動くだけになりがちなので、事前の企画段階から学生の参加や事後の振りかえりの機会をつくることを団体側に働きかけたりする。そうすることで、学生のより主体的な動きを促す。また、活動中の学生の相談をうけ、ふりかえりをともにすることで、よりよい活動や関わり方を模索したり、自身の学びにつなげていったりもする。

2000年代以降、災害が発生すると、地元の社会福祉協議会などが中心となって「災害ボランティアセンター(災害ボラセン)」が設置されるようになった。被災地の支援には、さまざまな人や組織がかかわる。災害の支援の経験が豊富な人もいるし、まったくはじめての人もいる。そのかかわりを調整していくのが災害ボラセンだ。ニーズを掘り起こし、整理してその日のプログラム(仕事)を整え、コーディネートする。そうすることによって、はじめての人でも自分の力を活かすことができる**【C→F】**。また、災害現場には多数の、そして、さまざまな団体や組織がかかわる。全体をどこかの組織(たとえば行政など)が一方的にしきり、たとえば**【Dの指向性】**をもつ団体に**【A】**を要求すると、強い不満の声が出たりもする。しかし災害時は行政自身も被災しているだけに、コーディネーションを誰がどういう形で行うのかはとても難しい問題となる。だいじなことは、さまざまな指向性を持つ人の参加を前提に、それぞれがなんらかの形で支援に関われること、力を発揮していけるようにすることだ。それゆえにこそ、そこにかかわる組織同士の協働のコーディネーション(対等な関係の構築＝情報の共有や意思決定のマネジメント)が不可欠になる。団体側も、こうした構造的な問題、調整の必要性と困難さを理解し、そもそも混乱しやすい状態であること、それゆえ情報の共有、互いの立場への理解が平時以上に必要であることを強く認識して、現場に臨む必要があるだろう。

ボランティアコーディネーションが機能すると、多様な人々が、社会に参加することができ、社会の当事者であるという意識を育てていくことができる。

4 地縁組織はなぜつらいのか

この図を地縁組織にあてはめて考えてみる【図版5】。すると、なぜ地縁組織がつらいと感じる人が多いのか、その理由が見えてくる。PTAなどの多くの地縁系組織は、「例年通り」という「正解」が最初からある場合が多い。〈工夫の余地〉がまったくない（図の左端）ため、力のある人にとっては、「つまらない！　なぜ変えられないのか」という不満になり【A】、力のない人にとっては、「とりあえず一年間、とにかく我慢しよう」となりがちだ【B】。

PTAの場合、学校、行政、地域の多くの団体との関係で縛られており、図の左端から右に少しでも移動することが難しい。よほど「変わった」人が会長にならないかぎり、前年踏襲【B】のまま。こうして一年間、我慢した人は、まだ我慢（苦役）していないひとを責める。結果「地縁組織はこわい、避けたい」、「地域で活動？　もうやだ」という空気をつくっていく。また、逆に、前任者から「好きにしていいから・変えていいから」といわれ、一気に（EやD）でやろうとしたら、実は、あとで先輩から強烈な批判が出て、結局（AやB）になってしまったりすることもしばしば耳にする。

ちょうどよい「余地」があると「楽しい」が発生する

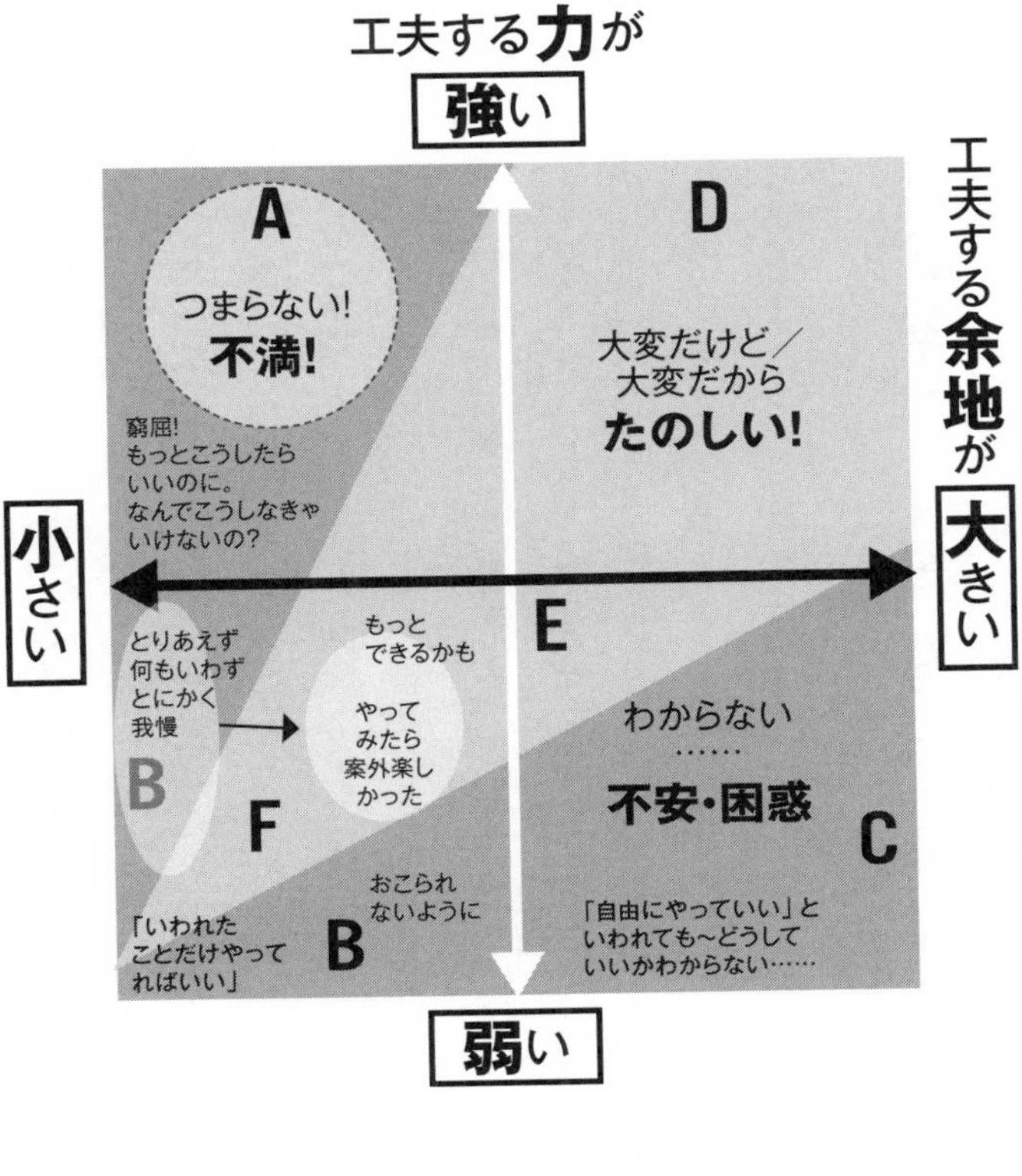

工夫する力が
強い
弱い
工夫する余地が
小さい
大きい
A
つまらない!
不満!
窮屈!
もっとこうしたら
いいのに。
なんでこうしなきゃ
いけないの?
D
大変だけど/
大変だから
たのしい!
E
とりあえず
何もいわず
とにかく
我慢
もっと
できるかも
やって
みたら
案外楽し
かった
B
F
わからない
……
不安・困惑
C
おこられ
ないように
「いわれた
ことだけやって
ればいい」
B
「自由にやっていい」と
いわれても〜どうして
いいかわからない……

[図版5]

その年、たまたまボランティアコーディネーションができる会長だったりすると（本人はそれをボランティアコーディネーションだと認識しているわけではないが）、「例年通りでなくてもいい。先輩から不満がでたら私が引き受けるから」などと言ってくれたりする。そこで、さまざまな工夫をチームとして重ねることができると、それは楽しい遊びになっていく【B→F】。「やってみたら案外楽しかった」という経験ができる。また、「やらければいけないこと」しかなくて、それ自体はかえられなくても、やり方を内部で工夫するという「余地」を探して、ともに工夫することができれば、「楽しい」【F】の可能性はある（第2章参照）。

私は娘が通う小学校のPTAの副会長を2年経験した。副会長は6人いて、1年で3人ずつ交代していく仕組みだった。本部に入ってみると、先輩後輩関係（なつかしい中学時代の部活以来）にびっくり。就任直後の2年目の先輩ママのひとことが忘れられない。いわく『「1年目さん」（私たち〝初年兵〟はそう呼ばれていた）は、私たちがやることをすべてノートに取っておくのが仕事です。でないと来年あなたたちがまわせなくなるよ」。それは確かに新人の私たちを思いやっての言葉ではあった。「先輩からもそう教わった」とのこと。彼女たち自身も前年、自分で記録したノートを頼りに日々、やらなければいけないことを確認していた。とてもまじめで、なんとか失敗のないようにがんばっていた。彼女たちの目標は無難に任期を終えることだった。だから図の領域の（B）から動くことはない。何かを少しでも変えるなんてとんでもない、と。引退した先輩ママの厳しい視線もある。こうして娘の小学校のPTAでは、何十年も「例年どおり」が続いていた。まだこんな昭和の世界が残っていたのか……。

しかし、この年、幸い？　なことに私たちPTA本部には、前例にない課題が課せられていた。市のPTA研究大会の発表校だったのだ。なにかネタをさがして、20分のプレゼンをしなければならならなかった。さてどうするか。先輩ママたちも経験のない世界。みなで一から議論してつくっていくしかなかった。実際、「あーでもない」、「こーでもない」とアイデアを出し合って、最終的に子どもたち・学校と地域とのかかわりを紹介する映像を制作した。子どもたちがよく立ち寄る近所のたいやきやさん、せんべいやさん、消防署など、いつもお世話になっている地域のみなさんを映像で紹介した。発表前には、体育館の舞台でみなで練習をした。「こうしたらどう？」「このほうがおもしろくない？」様々なアイデアが生まれた。結果、当日は前例のない、聴衆を飽きさせることのない発表ができた。達成感も生まれ、「楽しかった」とふりかえれた。仲良くもなれた。

正解が最初からない」ということは遊び(楽しさ)にとってやはり必須条件だと改めて実感した出来事だった。2年目は、私たちが「先輩」(主な運営者)だったので、新しく入ってくれた役員さん含め、とにかくみなでわいわい相談しながら、少しでも変えていく余地を見つけては、議論し、実行していった。できないことがあれば替わりあって、助け合いながら、あいかわらず、すすめた。外部や学校からの不可解な動員要請など、やらなければいけないことが満載で、簡単に仕事を減らすことはできなかったが、それでもチームとして活動できて、とても楽しい一年になった。

ここまで〈安心〉と〈工夫の余地〉、そして「ボランティアコーディネーション」をキーワードに、「こころ」が動く=何かをしてみようと思える（気づいたら動いてしまっている）環境とはどのようなものか、について考察してきた。

他方、これまでもしばしば触れてきたように現在、町内会、ＰＴＡなど地縁組織の活動に対しては年々批判の声が大きくなってきている。義務と動員ともちまわり役員による組織運営はそのあり方を根本から問われる状況になりつつある。

次章では、さらに、具体的に地縁組織が陥りがちな運営の問題点を分析しながら、「楽しかった、やってよかった」とふりかえれる活動にするためは何が必要なのかを考えていきたい。

[コラム1]

手紙

（2020年10月）

渦の中 正解わからず 踊るだけ
課題地獄 もういいやめて 終わらない
会いたいな 友達みんな 元気かな

これは非常勤講師として担当している大学の授業で、学生が書いてくれた川柳の一部。32人の学生の作品は、それぞれ在宅の切実な気持ちを表現していた。この春、大学の授業は全てオンラインとなり、教員はそれぞれ授業をどうするか問われた。私は悩んだ末、メールのみを使っての授業を試みた。

5月、最初の長い「手紙」を書いた。

「みなさん、お元気ですか。つらい日々が続きますね。

この授業は『みんなで文通』方式をやってみます。私たちは、ひとりひとり経験や知識、考え方がみな違います。それを出し合い、交換することで、学びが生まれるはずです。ぜひ一緒にこの授業をつくってもらえませんか」。

反応があるのか、正直どきどきだった。しかし翌日、学生から続々返信がきた。

「東京で一人暮らしをしており、不安な毎日が続く中、学びへのモチベーションが下がっていたところで先生のお手紙を読み、とてもあたたかい気持ちになりました。よろしくお願いします！」

うれしかった。

それから毎週、「元気にしていましたか」と「手紙」を送った。私からの「問い」（映像や新聞やWEB上の記事を送り、感想等をもらう）に応えて、学生がひとりひとり自分の言葉で返信を書いてくれる。それを、また全員に戻し、コメントをもらう。この繰り返し。

この授業は「子どもNPO」という科目で、子どもの傍らにどんな人がいればよいか、どんな暮らしをすることが幸せにつながるのかを、地域で活動する人たちから学ぼうというもの。毎週私から様々な「問い」を送った。西野博之さん（142ページ参照）がコロナの自粛期間中にSNSに書き綴られた言葉、熊本の水害支援に入ったあるボランティアさんの被災者との心あたたまるやりとりを綴った記事（＊1）、前号で紹介したフードパントリーの草場澄江さん（219ページ参照）にインタビューした映像……。

学生からも問いをもらった。「就活・バイトどうしてますか?」との問いに、不足する雑談を取り戻すかのように、返信の言葉は溢れた。「しんどいのは私だけではないと思うと心が軽くなりました」。「コロナが明け、何がしたい?」との問いに、別の学生が「明けるってどういう状態のこと?」と返し、さらに問答がつづいた。

授業の中で、学生たちがもっとも強く反応したのは、たまたま放送されていたP4C(philosophy for children 子どもの哲学)と呼ばれる対話型の授業を記録したNHKの番組(*2)だった。7人の小学6年生が、自分たちで問いを立て、自分の意見を話し、他人の意見を聞く。考えることのおもしろさを知った子どもは、自宅でも自ら問いを立て考えるようになっていく。しかし番組後半、コロナで大人から一方的に休校を通告され「子どもの声が無視されている」と泣いて憤る。そして、輪になって話し合う。

そんな揺れる子どもたちの姿に、学生たちも揺れた。

「私が小学生だった頃、学校は安心できる場所ではなかった。自分の意見を言うことはなかったし、怖かった。P4Cの子どもたちの環境が羨ましい」という学生の感想には、たくさんの「私もそうだった」という返信が寄せられた。「小学校、中学校、高校『言う通りにしてください』。大学『自分で考えなさい。え? 何をしたいかわからない? 甘えるな!』…就活で急に自分の頭で考えろは酷です」。

私からは「つらい経験をさせたのは、私を含む大人の責任。申し訳ない。でも、変えていきたい。これからはみなさんもつくる側。経験を活かし、ぜひ一緒に考えてほしい」と返した。

累計70万文字に達したこの授業の最後の「問い」は、一人の学生からの「幸せって何ですか？　みなさんの考えを教えてほしいです」だった。

終了後の学生からの感想より。

「自分の考えを言葉にし、他者の言葉を聞く。自分との違いに気付く、そこから何度も考えることが〈学び〉だと気付きました」

「大学で受けた授業の中で、1番本質を問われて、1番自分をさらけ出せた授業でした」

「会ったことないけれど、すごく遠くにいるけれど、とても近くにいるような気持ちになれました」

「文字だからこそ自分の意見を表に出せた」

自分の言葉に応えてくれる誰かがいるということ。学ぶ＝より豊かに生きるために必要なことは、コロナ禍であろうとなかろうと、変わらない。

＊1　https://www.facebook.com/kamegawa.kanako/posts/2976358912461342

＊2　NHK・ETV 特集『7人の小さき探究者〜変わりゆく世界の真ん中で〜』

第2章

「負担感」の研究

do-ingからdoingへ

「なぜＰＴＡをやらなければいけないのか」

「役員がやりたくないから子ども会にも入りません」

近年、自治会やＰＴＡ、子ども会など、地縁にもとづく活動はとても不人気。「活動が負担だ」という声はコロナ禍の前から年々強くなっていた。自分の住む地域にかかわることを忌避する傾向は強まりこそすれ、弱まることはない。人をつなぎ、協力や助け合いを促すはずの組織がなぜこれほどまでに忌避される存在になっているのか。この負担感を「ボランティアコーディネーション」をキーワードに考えてみたい。全員参加、役員もちまわりという旧来のシステムは限界に来ている。

これからの「みんなで」のあり方を探る。

1　「負担感」の正体とは!?

町内会やPTA、子ども会など、地域とくに地縁での活動(以下「地域活動」という)を語る時に頻繁に使われる言葉に「負担感」がある。

一般に、時間や労力を提供することを「負担する」という。しかし、それは「大変だった」という意味の「負担感」とは別のものとして区別すべきではないだろうか。どんなに時間をたくさん提供(負担)していても、楽しかったらそれは「負担だ」とはならない。相対的に短くても、つまらなかったら「長い」「負担だ」となる。

また、楽であることと、楽しいということは別のことだ。「楽しかった」には、かならず「大変だったけど」がその前についている。やったことが、負担感ばかりと感じるか、楽しかったと感じるのか。この2つはわけて考えておきたい。

①　負担感を数式であらわすと……

私は子どもの保育所や学童保育の保護者会を通じて地域と出会い、たくさんの友人・知り合いを得てきた(前著『あそびの生まれる場所』に詳述)。仕事をはじめ住む世界の違う人たちが、たまたま保育所でまじりあう。そのおもしろさに魅了されてきた。地縁には、仕事上の付き合いや有志での人の集まりである市民活動などでは得られないおもしろさ、多様性があった。「地域福祉」とか「ボランティア」という言葉に、普段はかかわることがないであろうろう親たちが、自分の子どものためだけではなく、他の子どもたちのために、あるいは子どもたちとともに動き始める姿を見てきた。そのことに、ちょっと大げさな言い方をすれば、この孤立を深める社会の中での希望を感じて来た。

同じように、小学校のＰＴＡもまた多様な人々が出会う場だった。しかし、その出会いは、前述の通り、ちょっとつらい場面が多く、かかわってみてその文化の違いに大いにとまどった。保育所や学童の保護者会は、何より自分たちで「やる／やらない」、そして「やるならどうやるか」を決めていくことができる組織だった。しかし、小中学校のＰＴＡは「前年と変えないのが一番」という文化をもつ組織だった。自発性は必要なし。創意工夫はじゃま。正解が最初からある。そんな〈あそび〉(余白)のない世界だった。ちょっと意欲的に活動して、楽しいを作り出そうとすると、けむたがられた。「次の人がやった時にできなくなるから『レベル』をあげないで」と言われたこともある。これは大変な世界に足を踏み入れてしまったな……と、暗澹とした気持ちになった。

２０２０年以降は、コロナ禍で活動休止でほっとした人も多いだろう。活動のない今のうちに課せられた義務を果たそうと、逆に役員への立候補者も増えていると聞く。

私が体験したPTA活動のなかで最も驚いたのは「動員」だった。○○地区青少年推進大会に10名、○○市環境□△大会に8名……一年間、途切れなく続く。事前に出席者名簿を提出。当時、私は民生委員も引き受けていたので、そちらでも動員また動員。そして、分担を割り当てられ、行ってみると表彰や中身のうすいといっては失礼だが決して濃いとはいえない「偉い方」の挨拶(の棒読み)が続く。

「この世界は動員とシキタリで成り立っていたのか」とその権威主義的、かつ柔軟性のない世界に本当に驚いた。そこはなんとも息苦しい場所だった。でも、ただつらいだけでこの時間を費やしたくないと思い、せっかくなのでこの重～い「負担感」に注目しつつ、あらためて地域活動についてじっくり考えてみることにした。

地域活動の中で「負担」という言葉は、一般には「時間がない」「作業量が多い」ということを意味して使われている。しかし、単純に負担だ＝時間がないというわけではなく、「負担」と「負担感」は似て非なるものではないか……活動をする中でだんだんとこのことに気づいていった。私たちは普段の生活の中で、同じ時間の長さであっても、ある時は長いと感じたり、また別の時には短く感じたりする。時間をたくさん使っていてもストレスを感じない時もあれば、逆に少しの時間でも、強いストレスを感じる時がある。たとえば、式典などの来賓の言葉。心に沁みるその人自身の言葉で語られる挨拶と、型通りの挨拶文の読み上げでは、物理的な時間は同じでも、感じる長さは全く違う。
では地域活動の中でどんな時、人はその活動を長く感じる(=負担に感じる)ものだろうか。
こんな数式を考えた[図版6]。

aは　ありがとう、うれしいという気持ち。

t=「つらい」「つまらない」が、aよりも、大きくなると、「負担だ」の声が大きくなっていく。

tは、次のようなさまざまな「感」が重なって生まれる。

t=In(意味なし)+Ys(やらされ感)+Wn(わからない感)+Co(キャパオーバー感)+Kr(孤立感)

▼In「意味なし」感

活動の意義が不明。この活動がいったい地域・社会の何の役にたっているのかわからない。

例1:「青色パトロールカーの当番って、なぜ子どもがまちにいない昼間に走らせていたりするんですかね?」(小学校PTAでの地域への動員)

「さあ……?」

例2:動員で参加した市の◯◯推進大会にて

「これやったら、◯◯推進できるんですかね」

「さあ……？　やってますって言いたいからやってるのかも」

▼Ys「やらされ」感

誰かによっていつのまにか決まっていたり、ずっとそうやってきたからそういうことになっていて、その通りやるしかないというやらされ感。最初から「正解」があり、変えると怒られる。

次のどちらかの場合が多い。

パターンA　【シキタリズム】＝ずっとそうやってきたからそう（意味は問わない）。ＰＴＡなどにありがち。

パターンＢ　【長くやってる人がエライ主義】＝すでに誰かによって全部決まってる。町内会などにありがち。

例：　「以前からそうなってますんで」

「それっていつ決まったの？　誰がいいって言ったの？」

「さあ〜？？」

▼Wn「わからない」感

スケジュール、全体像などが見えないため、言われたとおりにやるしかないが、どこまで、なに

t ＞ a とき、人の気持ちに負担感（f）が生じる

$$t > a \rightarrow f$$

tsurai
つらい
&
tsumaranai
つまらない……

arigato
ありがとう・うれしい

futankan
負担感

$$t = In + Ys + Wn + Co + Kr$$

In（意味なし感）
Ys（やらされ感）
Wn（わからない感）
Co（キャパオーバー感）
Kr（孤立感）

［図版6］

をしたらいいのかわからないことからくる不安感。意義の説明、スケジュール、全体像が見えないままに部分的に指示されたことだけをするしかない場合などに、脳内はこの「？」《ハテナ》靄《もや》に覆われる。

また、会議などで、レジュメや原案、あるいはファシリテーションがなく意味不明な内輪言葉（長く活動している人ならわかる言葉）の連発などがあると新しいメンバーの脳内に「？」《ハテナ》積乱雲が発生する。

例1：「いま何すればいいの？　これいつ終わるの？」

「さあ〜⁇」

例2：「来てみたけれど……いまなにが話されてるの？」

「さあ〜⁇」

▼Co「キャパオーバー」感

これが一般的に使われる負担感。そのための時間が物理的にない、または求められていることに応えるのに必要な能力がおいつかないこと。

例1：「じゃあ、今週もう1回、集まりましょうか」

「えっ⁉（フルタイムで働いていて、平日昼間学校に週2回も行くなんて無理〜）」

例2：「パソコン、やったことありません〜」など

▼Kr孤立感

「これをやらないと責められるのでは」「自分の責任だけはちゃんと果たさなくちゃ」と一生懸命一人でやると発生する。分担してやろうとした時に(後述)、うっかり生じやすい感情。「与えられた仕事だけはきちんとやらなければ」というまじめな気持ちが生み出してしまう。

この他にも、さまざまな「感」が重なってt(つらい&つまらない)は増えていく。たとえば、動員されたはいいが、仕事はまったくなかったりする場合なども別の意味での「意味なし」感につながる。動員されて、いやいやであろうがなんであろうが、そこに時間を割いてそこに来ている。来たからには、やりがいがほしいと思うのは自然なことだ。しかし、運営者側にこの視点が欠けている場合にしばしば出会う。私も、動員で行ったあるイベントで運営者から「やることが少ないから楽でしょ」などと言われたりして、「だったら呼ばないで」と内心で愚痴ったことがある。やっかいなことに、動員側が義務感でやっていると、動員された人の気持ちへの配慮がない場合が多い。こうして、さほどやる気のない運営者によって、もっとやる気のない参加者を動員するという、負担感の二乗状態での「◎◎大会」が恒例行事としてつづく。

「強制的に来てもらったんだからこそ、よい時間を過ごしてほしい」と考えてくれればよいのだが、そうなっていない場合が多い。「強制するならやりがいを」であり、「やりがいが保証できないなら、動員はしない」でありたい。

▼a（ありがとう・うれしい）

では、a（ありがとう、うれしい）はどのようにすれば増えていくか。それはここまで説明してきたtのそれぞれの要因に気を配ることだ。前節でご紹介したボランティアコーディネーションを、組織運営の中に取り入れることと重なる。そうすれば、達成感（できた！　やった！）、有用感（お役にたててる〜）、親密感（仲良くなれた〜）、肯定感（私、ここにいてもいいのね〜）、共有感（みんなが助けてくれた〜）となっていくはずだ。

繰り返すが、「負担だ」は、必ずしも「キャパオーバー」とイコールのものではない。しばし耳にする「忙しいのでできません」の「忙しい」の中には、物理的な時間がないという意味合いの他に、「それ、私にとってはつまらないにちがいない」と予測しているという意味の両方が含まれるのではないだろうか。実際は、時間は多少なりともあるのだが、このことに優先的に使いたくない、と。この場合の「忙しい」は運営の仕方しだいで、解消される可能性がある。

2 負担感を減らすには

さて、運営の仕方次第といっても、「意味なし」感の発生源が、自分たちの組織ではなく他の組織だったりすると、容易には活動を減らせない。地域で生きていくためには波風を立てるのはリスクが高すぎる。とにかく何も変えないのが無難。もしも一念発起して、大きな変革をしようとすると、複数年にわたる取り組みが必要になる。そこまで労力を投入するのは難しい。となると、結局は前年通りで一年間我慢することになる。もはや負担感の増殖はさけられないのかと絶望的な気分になる。

しかし、私は、内部のやり方(運営)を変えることで、「やってよかった」に近づくことはできるのではないかと考える。それは、「責任は共有する。その上で作業は分担する」ことだ。

ここでのターゲットは、tのひとつ、Kr孤立感だ。これを徹底的にマークして発生させないようにすると、負担感をぐっと抑えることができる。一年間やってみて「やってよかった」という感想をみんなで持つことができる。一言でいえば、「一人で困っている」という状況をつくらないことだ。この視点での取り組みで、一番即効性が高いのは、リーダーが常に、全員に「困ったらいつでも相談して」と常日頃から伝えること。そして、実際ことがおこったら、きちんと一緒に考える、そして必要なサポートをすることだ。何かあっても助けてくれる、相談にのってくれる、できなかったら替わってくれるとメンバー全員が思えること。それだけで負担感は確実に下がる。ここでもキーワードは、〈安心〉の保障だ。

その次にできることは、この「いつでも相談」をメンバー全員が相互にできるようにすること。つまり責任をメンバーみんなで共有することだ［図版7の上］。それには会議のあり方を改善することからはじめたい。会議では、まずそれぞれの係から情報をだしてもらい、一覧表に書き出す。全員ですべての情報を共有する。一年間何をしなければいけないのかを俯瞰できるようにする。そして、毎回、次に何をすべきなのか、会議の場で、それぞれの担当が出し合う。課題を確認して、誰がどうやるか調整をする。できない時は、できないと言ってもらう。その上で、どうしたらいいかをみんなで考える。

目標は、全部の仕事を、全員で取り組んでいる気持ちになること。そうすればその後、仕事を分担しても、互いに「困ったらいつでも声をかけて」と言い合えるし、実際できなくなったら、「私が替われますよ」という声がかかる。これを繰り返すと、年度末には「一年間、大変だったけど、楽しかったです。みなさんと一緒にやれてよかったです」という退任の挨拶になる。そして「役員もみんなが言うほど、つらいだけとか大変だけとかではなくて、案外楽しかったよ」となる。その噂がひろがると、役員も決まりやすくなっていくというおまけもついてくる。実際、私がＰＴＡの本部役員（ＰＴＡ全体のとりまとめ）をしていた年は、夏までに翌年の本部役員が決まってしまい、悪評で有名な推薦活動も一切しなくて済んだ。

逆に、割り振られた仕事を自分だけでがんばると、困った時に泣きたくなる。会長が「これは

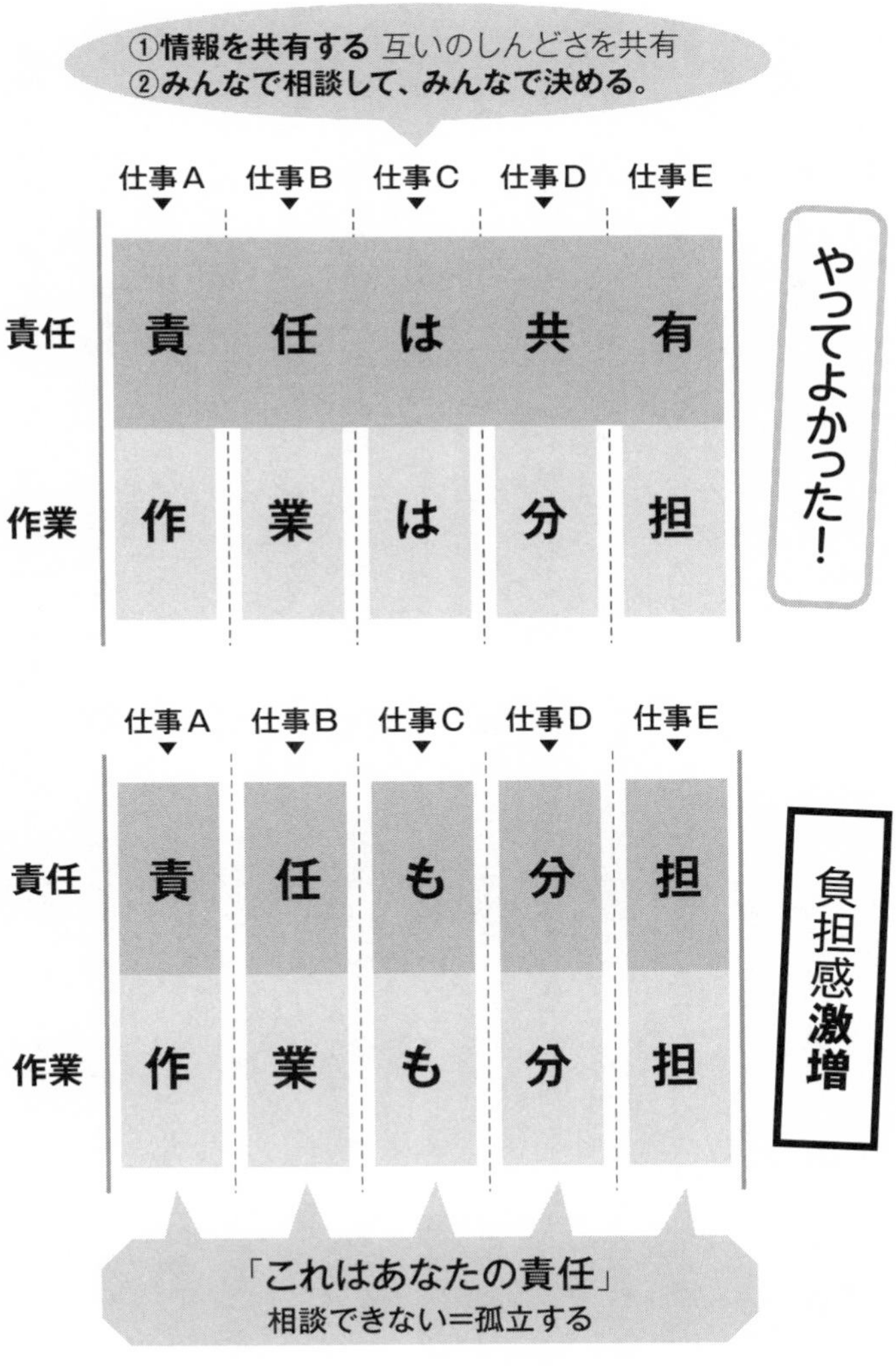
①情報を共有する 互いのしんどさを共有
②みんなで相談して、みんなで決める。
仕事A 仕事B 仕事C 仕事D 仕事E
責任
責 任 は 共 有
作業
作 業 は 分 担
やってよかった！
仕事A 仕事B 仕事C 仕事D 仕事E
責任
責 任 も 分 担
作業
作 業 も 分 担
負担感激増
「これはあなたの責任」
相談できない＝孤立する

［図版7］

○○さんやっておいてください」と仕事も責任も縦割りにして、指示を出すような運営方法は、一気に負担感が増す。わいわいとアイデアを出し合って、相談して、決めていくというプロセスを省くと、多少効率的にはなるかもしれないが、楽しさを感じることはまずできない。みんなの問題だという意識が生まれず、となりの人が苦労していても、気付けない。手助けしてあげたくてもできないという状態になる。こうして一年間がまんで終わると、終了時に「やっと終わった、助かった」という言葉しか心に浮かんでこない［図版7の下］。

しかし、近年の傾向としてはこうした組織文化が増加しているのではないか。システム社会の浸透で、マニュアルを決める人と、それをやる人という分離が進んでいる。これは、誰でもその仕事ができるようにするためだが、他方で、トラブルがあった時、それが誰のせいか（責任）を明確にするという側面を持つ。そんな働き方をしている親たちは、ＰＴＡでも同じやり方を導入する傾向を持つ。「誰かの指示で動きたい。言われたことはやる、自分の責任は果たす、けれどそれ以上にはかかわりたくない」と考える人が増えている。こういう「きっちりタイプ」の人が増えると、〈安心〉が得られず楽しさを感じるのは難しい。とくに会長・リーダーがこのタイプの人になると、組織全体が緊張感であふれることになる。そうなると任期中、苦しい緊張の日々がつづくことになる。

逆に、多少のミスがあろうとも、お互い失敗したね〜と言いあえれば、それはいい思い出になっていく。「ともに」が最も重要なポイントになる。ひとりひとりが当事者となってかかわれる環境を整える作業、すなわちボランティアコーディネーションがあれば、具体的なメニューは変えられなくても、「やってよかった」を生み出すことはできる。

しかし現実は、そうなっていないことが多い。結果として、全員参加型の組織、役員交代型の組織は、強く忌避されるようになっている。問題なのは、一年間我慢したという経験しか持てないことだ。高い負担感を持つと、それは他者への攻撃になっていく。

「やってない人はずるい」と。

3 「ずるい」の発生源

ここで、ソーシャル・キャピタル（社会関係資本）という社会学の概念を援用して、地域活動にともなう「ずるい」を考えてみたい。

ソーシャル・キャピタルとは、すごくおおざっぱにいうと人間関係、つながりのこと。ソーシャル・キャピタルを多く持っている人は健康状態が良かったり、幸福感が強い、あるいはソーシャル・キャピタルが蓄積されている地域（人間関係が豊かな地域）では災害時に復興が早いなどとされる。本来、自治会やＰＴＡなどの地縁組織は、ソーシャル・キャピタルを蓄積していく機能を持つものとされる。

図版8の左半分**【A・B】**の「志縁系」とはいわゆるボランティア活動、市民活動などのこと。参

加するしないが任意の活動、組織。図の右半分【C・D】は　PTA、自治会、子ども会などの地縁組織系。原則全員が会員となり、役員が交代制。活動は任意もあるが、多くは「動員」で成立し、「一人一役」など義務的に課せられていることで、成立している組織。

一方、図の上部【A・C】は、「やってみたら楽しかった」もっとやってみたいという気持ち。図の下部【D・B】は「もう二度とやりたくない」の状態。

地縁系組織であっても、志縁系組織であっても、上の【A・C】＝やってみたら楽しかった、もっとやりたい、またやってもいいなと思うような結果になれば望ましい。左の志縁系組織の場合は、そもそも参加者が「また参加したい」という感想をもたなければ、やがて活動は縮小し、消滅する。一方、右の地縁系組織は、役員が自動的に交代し、行事に人(係)を動員するしくみがあるので、どんな結果になっても継続する。その結果、前述のとおり、「やらざるを得なかったが、いやな記憶しか残らなかった」という人【D】が多数、発生してくる。そして、まだやってない人に対して「私もガマンしたんだから、やらないなんてずるい」と過去の恨みが他者への攻撃に転化しやすい。他方、自分が経験したやり方に少しでも工夫して変更が加えられると、「こんなに楽なやり方に変えるなんてずるい」とやはり攻撃的な態度に出てしまう(自分が現役の役員時代に「こんな仕事に、なんの意味があるのか」と疑問に思い、早くなくなることを願っていたにもかかわらず、だ)。

本来、地域の組織は、良好な人間関係を生み出すための装置であるのに、逆に人を対立させ、

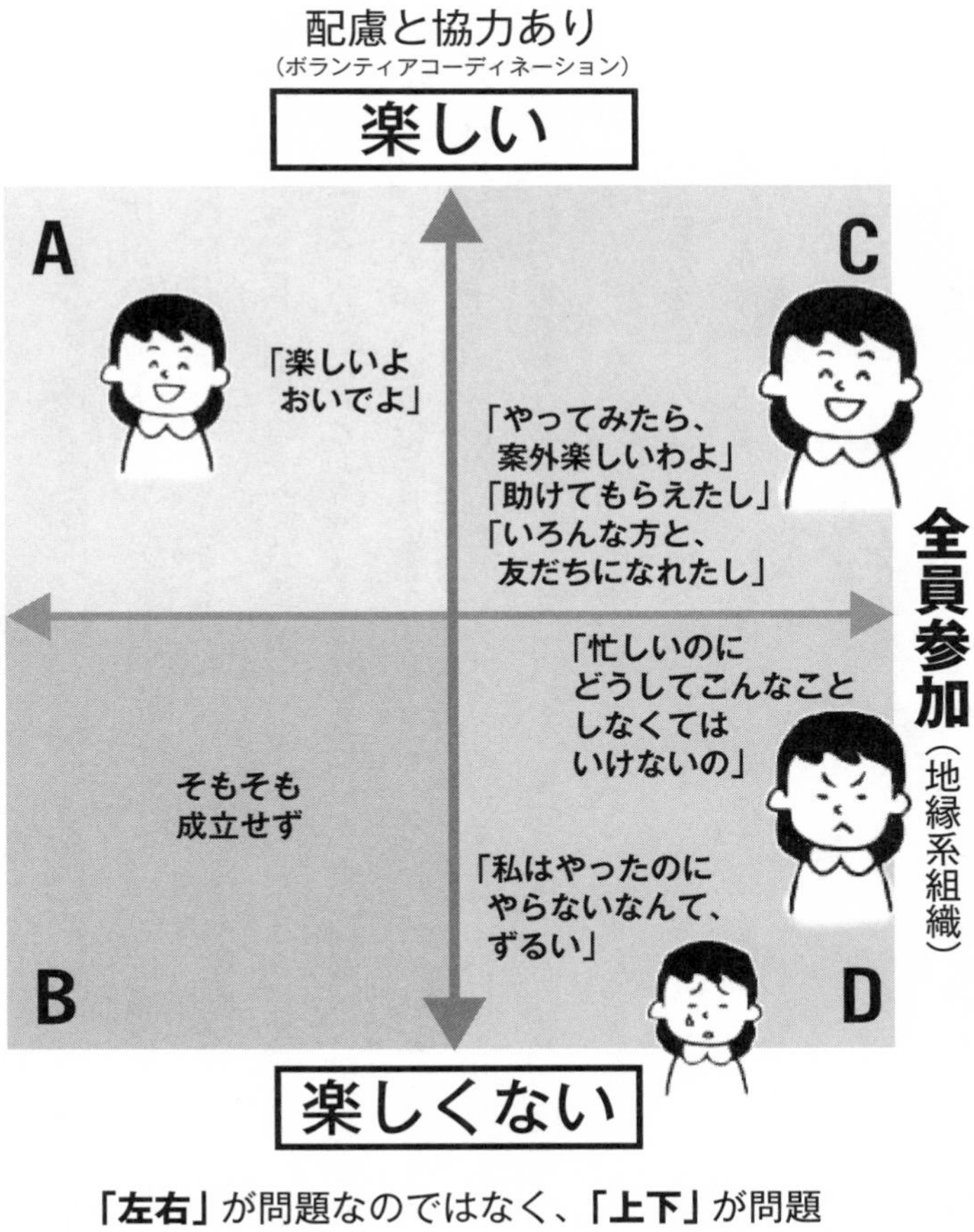

配慮と協力あり
（ボランティアコーディネーション）
楽しい
A
C
「楽しいよ
おいでよ」
「やってみたら、
案外楽しいわよ」
「助けてもらえたし」
「いろんな方と、
友だちになれたし」
有志
（志縁系組織）
全員参加
（地縁系組織）
「忙しいのに
どうしてこんなこと
しなくては
いけないの」
そもそも
成立せず
「私はやったのに
やらないなんて、
ずるい」
B
D
楽しくない

「左右」が問題なのではなく、**「上下」**が問題

［図版8］

互いに関係を断っていく方向で機能してしまう。いわば「負のソーシャル・キャピタル」の蓄積がしばしば起こる。

近年のＰＴＡ、自治会など地域組織について「強制参加はおかしい」と拒否する声の高まりの背景には、過去にいやいやつまらないことをしたという不満、恨みの感情がある。ここでの負の印象は必ずしも当該自治会に対してというよりも、過去に「動員」された時の経験にもとづく感情だ。「やらされた」「動員された」時に、よい経験ができなかったという記憶が、「どうせ動員される場所なんてろくなことがない」という警戒心につながっている。地域へのかかわりをなるべく少なくしたいという近年の傾向の根はここにある。ところが、そこに長く活動してきた人による「自分たちの地域は自分たちでつくるのが当たり前だろう、義務を果たすのは当然だ」という「正しさ」がかぶせられると、両者の乖離は一気に広がっていく。春先のＰＴＡなどの役員決め会議の時の冷たい空気は、こうしためんどう、かつ、こわい組織だというイメージを多くの人が持った結果だ。人をつなぐための組織なのに、人の関係を悪化させてしまう。「地域ぐるみ」「全員参加で」というスローガンが大きくかかげられるほど、人びとはそれを忌避する。

さて、図版8の上下を分けるものはなんだろう。

私は、前章でとりあげたボランティアコーディネーションや会議などの場でのファシリテーションの有無なのではないかと考える。「ＰＴＡもやってみたら案外楽しかった」「自治会も思ったよりおもしろかった」そんな感想を持つことができるのは、その組織で、誰かが必要に応じて、ボランティアコーディネーションやファシリテーションを担っているという時だ。参加をうながし、場をあたためるための配慮を誰かがしている。

　前述の通り、私自身は、保育所の保護者会（全員参加組織）で、地域のさまざまな人々と出会い、子育てをすることができた。仕事では、市民活動の支援・まちづくり等にかかわってきたのだが、そうした「志縁」のつながりにはない魅力を地縁組織に感じてきた。そのことを前著に次のように書いた。

> 保護者会やＰＴＡは、たまたま同じ地域に住んでいるというだけで、指向性が同じでない人が集まっているだけに、わずらわしさが先行しがちだ。しかし、それだからこそ、一緒にやれたという実感がもてたときの喜びは大きい。それは、未来に向かって、また誰かと何かをしていけるかもしれない、誰かが助けてくれるかもしれない、そして「いろいろあっても、これからもなんとかなるだろう」と思える未来への期待、すなわち希望につながるものだ。こうした「他者（社会）への漠然とした信頼」こそが、心の余裕＝〈あそび〉と本書で呼んできたものの正体ともいえるだろう。

＊『あそびの生まれる場所』272ページ

動員で、いやいや行ったけど、結果よかったという気持ちを確実に持って帰れるなら、動員も「新しい世界との出会い」として「あり」なのではないか。do-ing（動員）を主体的なdoingに変えるコーディネーションさえあれば、むしろ人々のエンパワメントにつながる。人びとが、地域をつくる当事者になれるチャンスになる。

とはいえ残念ながら、現実は、そうした経験ができる人は多くない。意味がわからない仕事を、納得できないまま、そして孤立したまま、がまんしてこなす。その結果、負のソーシャル・キャピタルの蓄積（「やらない人はずるい」）になってしまっている。

一度しっかりと見直し、全員参加のありようを見直すか、それが無理なら全員参加型以外の選択肢を考えていく時期にきているのではないだろうか。

2　do-ing《動員》からdoingへ

1 活動の評価とは

ここまで見てきたように、昭和の高度成長期に生まれたさまざまな地域活動（組織・スタイル）は、平成の30年間をひたすら「前例踏襲」で乗り越えてきたのだが、しかし令和にいたってさすがにもう見直さざるを得ない状況となっている。全員参加方式を、有志を基本においた組織に変える事例も増えてきている（159ページの嶺町小学校の事例はその先駆的な試み）。しかし、一気に有志主体に変えるのは相当な力を必要とする。なんとか今より少しでも改善していく（負担感を減らす）ための工夫を重ねているのが現状だろう。そこで、活動を見直す際にぜひ留意したいポイント（論点）を以下に2つ記しておきたい。

ひとつ目は、活動を見直す際にこれまでの活動をどう評価するのかという問題。

一般に活動の評価は次の2つの視点で見る必要がある。①課題解決の視点（タスク評価）と②参加の視点（プロセス評価）だ。たとえば、地域の共同での清掃作業。タスク評価でみれば、「掃除した結果きれいになった」ということになる。一方で、プロセス評価としては、「作業をともにすることで人の関係が生まれた」と見ることができる（ソーシャル・キャピタルの蓄積）。

以前、年に2回、大掃除の作業をしているという学童保育所の保護者に、「全員で学童保育所を大掃除することにはなんの意味があるでしょう？」と聞いてみたことがある。その時いただいた答えは「子どもの過ごす場を知る」「他の人の子を知ることができる」「他の親子の関係を知ることができる」「作業しながら、会話が生まれて交流になる」「自分にとって記憶にのこる特別な場所になる」などだった。もし学童をきれいにするという目的だけなら、「はじめに」で紹介したように掃除を業者に外注することもできる。しかしその場合は、作業によってつくられていた関係性を喪失するリスクを負うことになる。しかもこのリスクはとても認識しづらい。必要性があって集まり、ともに働くことによって結果として「自然に」蓄積されていたものだからだ。意識には登りにくく、その関係性の喪失にも気づきにくい。

また、他者とかかわらないことが日常になると、かかわらざるを得ない場面(たとえばＰＴＡ！)に対して、とてもわずらわしく感じるようになる。結果、トラブルが発生した時だけ顔をあわせることになる。そうなると「どちらのせいか?」という緊張の中でのやりとりになりがちで、結果として他者とのかかわりはさらにわずらわしくなっていく。こうして、たとえば、子どもを預ける施設では、保護者は子ども同士のトラブルが発生することを極度にいやがり、保育者に子どもの監視をするように要求する。子どものけんかを子どものけんかとして済ませることができなくて、すぐに大人のトラブルに発展してしまう。それが怖くて、保育はなにも問題を起こさない、起こさせないための子どもの管理になっていく。

普段のつきあいがないと、いざ何か困ったことがあった時だけ、まわりに相談することなどできない。何かを一緒にして、その人柄を知る機会がなければ、「助けて」と言える人と出会うこともない。今日の社会問題の多くが、そうした日常生活が重ならないことから来る孤立＝ひとりでがんばる＝自己責任社会を生み出してきたのではないだろうか。

２０２０年秋、菅政権の誕生で一時期、「自助、共助、公助」が話題になった。私は、「共助」いわゆる市民活動や地域活動は、公助のしりぬぐいでもなければ、自助の補完でもなく、それ独自の価値があるものだと考えている（第５章で詳述）。その独自の価値とは、人々が共同作業や対話を通じて良好な人間関係（ソーシャル・キャピタル）を蓄積すること、そしてそれを基盤として生まれる自治の拡張だ。コミュニケーションの中で問題を解決していく、ともに暮らしをつくっていくこと、その丁寧な営みの中に、誰もが生きやすい地域社会、あえていえば自由に生きていくことができる社会が育つのではないだろうか。

② ほんとうの平等とは

全員参加の活動を見直すにあたって、留意したいポイントがもうひとつある。それは、平等・公平とはなにかという問いだ。地縁組織に一般的に見られる「◎年に１回は役員をやらなければいけない」「何らかの係にかならずつかなければいけない」などの〈もちまわり制〉に象徴される「義務の平等分配」が、結果として不公平感を生み出し、人々を地域の活動から遠ざけていく大きな要因になっているのではないだろうか。

図版9は、「平等」と「公平」の違いを示したイラスト。必要な配慮のない一律の(平等な)サービスは、結果として不平等(不公平)を招くことを指摘している。同じように、一律に義務を課すことが、本当に平等といえるのだろうか。活動につかえる時間は家庭によって、人によってそもそも違う。人付き合いが好きな人も苦手な人もいる。家族が病気の人もいる。

であるならば、結果としての平等(公平)を生み出すにはどうしたらいいだろうか。改革をするなら、従来からの活動が持っていた「一見平等だが、実は不平等になっているかもしれない」という視点を持つ必要があるのではないだろうか。

「平等」(左)と「公平」(右)

https://interactioninstitute.org/illustrating-equality-vs-equity/
(アンガス・マグワイア 作)

[図版9]

たとえば、近年、ＰＴＡ改革の中で、ポイント制度などを導入して、仕事を多くの人に分担してもらい、それを可視化するという試みがある。役員になったら一年間あれもこれも最優先で奉仕するという「役員集中型」のＰＴＡ活動よりは、一人あたりの負担（ここでは時間と労力の提供の意味）を分散するという意味では、負担感を少しでも減らすための努力であることは理解できる。とはいえ、このポイント制度も一律に同じ仕事量を要求する点は変わらない。たとえば、「私はもうやるべきことをやってポイントを稼いだから誰にも文句をいわせない。やってない人がいたら、その人の問題」と多くの人が思っているとしたら、その組織は果たして良好なコミュニティといえるだろうか。また、やっていない人に対する非難が生まれる可能性も同じように持続する。

逆に、形式上は全員参加でも、家庭環境や得手不得手などを互いに配慮し、カバーしあえる、協力しあえる関係であれば、「担える人が多く担う・担えない人はそれなりに」となり、結果として実質的な平等につながっていく（政治学者でＰＴＡ会長を努めた岡田憲治は、「もともとボランティア活動は不平等なものだ」と喝破している）。そこに居合わせた人で、誰も排除することなく、誰かが無理を重ねることなくやっていこうという了解があれば、そこでの全員参加はむしろ生きやすい場となりうる。つまり、互いに配慮と協力をすることができる場なのかどうか、なのである。前述のとおり余裕のある人も、しんどい人も共同でチームとして活動することができたら、つまり仲間になっていけたら、そこには「楽しさ」が生まれてくる。活動を通して互いに知り合い、なにかしてみよう、と思える。この場合の全員参加は、きびしい生活環境の家庭にとっても、他者との関係づくりの第一歩につながる可能性を持つ。他者と関係を持つことを、肯定的に受け止めていける可能性を含む。余裕のない家庭も、こうしたつながりの中で、気持ちの余裕(SOSをしてもよいと思えること)が生まれるかもしれない。「たまたま、このまちに住んでいるけれど、このまちに住んでいてよかった」と。

とはいえ残念ながら実際には、全員強制参加の中で、かつ誰にもヘルプが言えないままに一人でがんばりつづけるという場合が多い。その結果として、現行の全員参加型組織では、むしろ人々の分断を促すことになっているのではないだろうか。子どもの7人に1人が相対的貧困家庭に該当するとされる社会の中で、本来、必要な配慮がないままに、全員が一律の義務を負うしくみは、とても危険だ。ほんとうに余力も、時間も、気持ちの余裕もない家庭に、さらなる負荷をかけるのは避けるべきだ。むしろ地域からのさらなる孤立(「あの人はやってない」)を招く。自己責任社会の中で、一律に義務を課していく時、そこに生まれるのは共同性ではなく、孤立なのではないだろうか。そして、この一律の義務から生じる孤立は、いわゆる「余裕のない家庭」だけの問題ではない。

3 「みんなで」再考

ここであらためて「みんなで」という言葉について考えてみたい。この言葉は、多くの地域活動の現場で日常的に使われる。曰く「地域の子は地域のみんなで育てましょう」「みんなで復興にとりくみましょう」……。しかし、こうした一見誰もが否定できない「正しさ」が、むしろその言葉の内容とは反対の方向で、人びとを分断してはいないだろうか。

もし、その「みんな」が、ひとりひとりの事情をだいじにすることなく、一律の義務を課すことで実現するものであるならば、その「みんなで」は時に大きな抑圧に転化するリスクを持つ。

「しのごの言わず、とにかくやることが正しい。やるもんだ」という世界に固定されたら、そこはとても息苦しい。たとえば、戦前の日本社会のような全体主義下の暮らし、たとえば高圧的な担任が支配する教室、あるいは部活の先輩絶対主義、たとえばパワハラが頻発する職場……こうした場所（社会）では、いじめという暴力が日常的に発生しやすい。

さらに、こうした露骨に権力が見える場合は、まだわかりやすいが、これが一般的に多数の人が賛同しやすい事柄の場合はことさらに警戒が必要だ。その賛同が義務になりやすく、そこから賛同しない人へのバッシングにつながる。表向き「呼びかけ」というかたちであっても、実質は義務として働く。美辞麗句のもとで、人びとの間に対立を生み出す。記憶に新しいところでは、2021年の東京五輪の「United by Emotion～感動で、私たちはひとつに～」というスローガン。この「ひとつに」は危ない。大きな権力と影響力を持つ者が「みんなで」という時は、反対者への排除の力が働く。そしてそれは、市民同士の間の暴力という形をともなう。そのリスクを省みない、気づかないままの正しさの強調はあやうい。コロナ禍での「自粛」という言葉のあやうさもここに重なる。

最初の緊急事態宣言が解除された時、２０２０年6月15日午前10時、さいたま市の教育委員会は、市内全市立学校（小中高特別支援学校１６８校）の生徒10万人に対して、30秒間、一斉に医療従事者への感謝の拍手を指示（強制）した。「なぜ医療者だけなのか」「感謝を強制していいのか」など、多くの抗議が市に寄せられた。実は私も市に強制すべきではないという意見をおくった一人だ。学校は、宛名のわからぬ「医療従事者一般」に形式的な感謝を子どもに強制すべきではなかったと思う。そんな時間があったら、その時間を、まず子供同士が再会できたことをじっくりとよろこび、次に医療従事者の現状などコロナ禍で起こっていることの学びの時間にあてることができたのではないか。子どもの親たちの中には、いわゆる「エッセンシャルワーク」を担う人もいたはずだ。そうした方の声を直接聞く機会をもつことや、ニュース映像で流れるさまざまな現場の人の声を聞くことからはじめることができなかっただろうか、と思う。一人ひとりが、なにが問題なのか、なにをすることが必要なのかを考える。教室はそれができる場所であってほしい。他者との対話の中で、それぞれが正しさについて考えるための基礎的な力を培っていく場であってほしい。

この時期、ロックダウン下のイギリスでは、コロナ禍に罹患した家庭の支援のために近所の住民が食料などを届ける活動がひろがったり、毎晩夜8時にベランダに出て、医療従事者への感謝の拍手をしたりといった自発的な行為が広がった。こうした行為は、さいたま市教委が行ったような形式的な感謝の強制から生まれるだろうか。逆に、誰かが決めた正しさにもとづいて、一斉に強制する行為は、子ども・人びとから考える力を奪い、従う人と抵抗をもつ人を分断し、対話のない息苦しい世の中をつくっていくのではないだろうか。

もし学校という場所が、人への信頼・連帯を培う場所だと考えるならば、まず生徒、子どもたちを信頼することからはじめるべきだろう。強制的な指示で、それが育まれると考えているところに大きな勘違いがあるのではないだろうか。きちんと状況を知り、考えあえる環境をつくれば、何かをしてみようという気持ちは生徒の中から生まれてくる。そんな子どもたちへの、あるいは人間への信頼を持てない人が、子どもたちのそばにいてもいいのだろうか。

さいたま市の教育委員会も善意からこのイベントを企画したのだろうと想像する。悪気はないのだろう。しかしだからこそあやういとも言える。思考(一人ひとりが考えること)を停止させる。揺れや対話をゆるさない「みんなで(全員参加)」は、怖い。やっている人は、自分のことを正義だと信じて疑わない。すると自分では気づかないストレスを、誰かに転嫁していく。息苦しさから逃れる一番簡単な方法は、やっていない人を見つけ、たたくことだからだ。

地域の活動にみられる全員が会員、役員がもちまわり、という強制・義務のしくみは、こうした息苦しい世界になるリスクを常にもつ。それゆえ、一律の義務を課すなら、それ以上に現場での配慮や協力が必須なのだ。つまり「やってよかった、楽しかった」がつくれないようなら、一律でやることを根本的に見直すべきだろう。95ページの図版8の右側にいて、DをCにすることをめざすのか、Dから一気にAに変えることを目指すのか、どちらがよいかは、地域や組織の状況による。しかし、どちらになるにしても図の上部に移動させたい。そうでなけば、「もっと共助を、地域の担い手を」などと言っても、絵空事になるばかりか、むしろ人びとの孤立や分断を深めることになるだろう。そして、図の上部に移動させるために必要なのは、ひとりひとりの事情に配慮し、チームとして活動に取り組めるようにするための姿勢と技術、すなわちボランティアコーディネーションであり、ファシリテーションなのだ。

④「正しさ」と「楽しさ」

地域にかかわることとは、まず「やってみたら楽しかった」から入りたい。

地域での活動は、正しさが先行しがちだ。たとえば、長年活動してきた「先輩」たちは、よく「地域のことを地域の人が担うのは当たり前」と言う。ＰＴＡなどでは「子どものために親が動くのは当然」と。それぞれ長年地域の活動を担ってきた人々だからこそ、地域をだいじにしている。愛着は、自分が動いた結果生まれるものだ。そして重ねた工夫の分だけ、楽しかった思い出とその場への愛(「ここは私の場所」)が生まれる。しかし、だからこそ、それを「まだ動いていない」人に伝える時は十分に注意したい。「〜すべき」「〜するのが当たり前」と、正しさを押し付けられたら、人はどう受け止めるだろうか。積極的に参加しようと思うだろうか。参加したら自分の行動に点数をつけられる、そんな〈安心〉のない場所だと感じたら、決して自ら考え動くことはない。「よけいなことはせず、一年間、怒られないようにがまんしよう」と思うのが自然だ。そして、できればあまりかかわらないようにしよう、と。楽しくもない活動を、やるべきだと押し付けたら、人は逃げていくだけだ。さらに逃げられないとなったら、それは恨みにかわっていく。「やってないのは誰だ」と。

近年、全国の自治体で、自治会に加入することを推進する条例ができている。背景にあるのは、自治会長たちからの要請だという。しかし、「条例で決まっているので入ってください」と条文をふりかざす人が中心にいる組織に人は入りたいものだろうか。

もし本当に活動をひろげたい、あるいは次の担い手を、と考えるならば「いま行っている活動を楽しくやれているかどうか」をまず検証してみてはどうだろうか。

誰しもが（とくに立場の弱い人が）〈安心〉して参加できているだろうか。ちょうどいい〈工夫の余地〉があるだろうか。「活動を引き継いでくれる人を」と考えるのはやめて、「新しく活動を作り変えていってくれるパートナー」として、新しい人を迎えられているだろうか。「会長の言う通り」や「前例通り」という最初から正解がある場所になっていないだろうか。

最初から正解のあるところで、決して遊び(「やってみよう」)は生まれない。また、苦労のないところに楽しさは生まれない。ともに苦労し、工夫した、その時間をふりかえった時に「おもしろかった」「よかった」となる。活動が広がるとは、そのおもしろいと感じる人の輪が広がることなのだ。

自分のだいじな友達をその活動に誘えるのかどうか。そこを基準に活動や組織を見直してみてはどうだろうか。

前例通りなのか、前例を活かして次の活動をつくるのか、そこが問われるのではないだろうか。

この章の最後に、これからの地域の組織を考えていく際に参考になる文献等をいくつか紹介しておきたい。それぞれ改革の際に必要なポイント、視点と方法論が紹介されている。読者のみなさんがご自分のかかわる組織を具体的に変えていきたいと考えた時に、お読みいただければと思う。

○『レモンさんのPTA爆弾』(山本シュウ著　小学館)

ラジオDJ・タレントの山本シュウさんが、お子さんの学校のPTA会長を引き受け、レモンのカブリモノで、子どもたちをまきこんでPTA活動を盛り上げていく様子が活写されている。ボランティアコーディネーション(メンバーの気持ちのあたため方)のポイントが具体的に書かれている。PTA会長、町内会長さん必読。

○**『PTAやらなきゃだめですか?』**(山本浩資 著　小学館新書)

本書159ページで紹介している東京都大田区立嶺町小学校の事例。PTAを解散して、PTOに改編した。その一部始終を記した一冊。いきいきとした改革の物語になっている。近年、ゆっくりと広がりつつあるボランティアのみによるPTAのさきがけ。

○**『PTAをけっこうラクにたのしくする本』**(大塚玲子著　太郎次郎社エディタス)

PTA問題とその対応について網羅した本。全体像が把握できて、かつ、「仕事を分担するくふう」「介護をコンパクトにするくふう」といった具体的に「ラクにする」ための方法が書かれている。続編で、『PTAがやっぱりコワい人のための本』もある。

○**『政治学者、PTA会長になる!』岡田憲治**(専修大学教授)**氏の毎日新聞連載**

2021/5/26〜29　4回の連載

政治学者の岡田氏が、PTA改革派会長としての挫折とコロナ禍での経験にもとづき、PTAのこれからのあり方について提言した連載。「大切なのは、頭ごなしに否定せず、感謝すること。仲間をほめ、ねぎらい、きちんと根回しして、味方を作ること。PTAも政治だ。言葉選びがシビアに問われる政治の現場なんだ！」と「改革を呼びかける側の姿勢」について、示唆に富んだ言葉が満載。岡田氏は２０２２年にこの連載の内容を含む奮戦記『政治学者ＰＴＡ会長になる』（岡田憲治著　毎日新聞出版　２０２２）を上梓している。右の新聞記事の内容がリアルな体験記として詳述されている。前述の「ボランティアはもともと不平等なものである」など名言多数。身近な組織だからこそ、自治や民主主義が問われている。

https://mainichi.jp/articles/20210526/ddm/012/100/120000c

○『うわさの保護者会　～今だからこそのＰＴＡ！』（ＮＨＫ　２０２１年４月放送）

コロナ禍の中で大きく運営を見直した様々な事例を具体的に紹介している。義務をやめたら会員が６割になったが、卒業記念品については、別途寄付を募ったら必要な金額がきちんと集まったという例や、ＩＴなども活用してすべてボランティア募集方式に変えた事例などが紹介されている。また保護者と先生がテーブルをかこんで自由に学校の未来について語り合う中学校など、今後のＰＴＡを語る上でのポイントが事例とともにわかりやすく紹介されている。

https://www.nhk.or.jp/hogosya-blog/100/445878.html

○『〝町内会〟は義務ですか？〜コミュニティーと自由の実践〜』(紙屋高雪著　小学館新書２０１４)

町内会・自治会については研究書はたくさんあるが、改革の実践を記録したものは少ない。その意味で本書は貴重な記録となっている。著者は、町内会長となって出会ったたくさんの「やらなければいけないこと」を「本当にその活動が必要なのだろうか」と、ひとつずつ検証していく。そして「ゆるゆるな町内会」づくりを試みる。その結果、最終的に町内会がやるべきことは「『自分はこのまちの一員だ』というコミュニティー意識、共同体意識をつくりだすこと」だという結論に至る。そしてそのために本当に必要なものは、「夏祭りと餅つきぐらい」だと喝破する。「楽しみのための親睦行事を、ちょろちょろやるだけでもいい」と「ミニマム町内会」を提案している。続編に『どこまでやるか、町内会』(ポプラ新書　２０１７)がある。

［コラム2］

哲学対話

（2021年10月）

先日、非常勤講師をしている大学の前期授業を終えた。「子どもNPO」という授業で、今年もたくさんのNPOの方にゲストで来ていただいた。今回、学生たちに最も強い印象を残したのは「哲学対話」の授業だった。ゲストは、NPO「こどもとおとなのあそびとたいわ」（＊1）の方々。授業の感想で、ある学生は「今回の授業は久しぶりに余韻に浸ってしまうほど濃い内容で、帰り道でも哲学対話の話でもちきりでした」と書いてくれた。

「哲学対話」は、アメリカで生まれ、日本でも広がりつつあるワークショップ。「幸せとは何か」など、日常の中のさまざまな言葉や疑問をとりあげて話し合う。10人ほどで輪になって座る。ボールを持った人だけが話す。他の人は聴く。テーマはその場で出し合って決める場合もあれば、あらかじめ決まっている場合もある。この日は学生たちで出し合って、選んだ。

ひとつのグループは「将来の夢は決まっていますか？」。それぞれ進路選択で悩んでいる気持ちを話してくれた。

「小学校の先生になりたい子がメインの専攻のはずなのに、みんな考えていることが違った。あらたまってはなかなか話さないので、とてもいい時間だった」

「『夢って職業のことなのかな？』という(他の学生の)発言に、はっとした。職業を決めたからといって私の人生は終わるわけではない。自分がどんな大人になりたくて、どんな風に生きたいのか、それが将来の夢なのかもと思った」

他方、もうひとつのグループは、「真面目について」。「真面目ね」と友達から馬鹿にされたという経験にもとづくある学生の問い。

「私も昔から真面目だと言われてきた。ずっと馬鹿になってみたかった。そしたらみんなと楽しく絡めたり、先生にも気軽に話しかけたりできるのにと。でも今回みんなの意見を聞いて、無理に自分を取り繕おうとしなくてもいいのかなと思えた」。

「哲学対話」には、ルールがある。「1わからなくなってもいい　2何を言ってもいい　3他の人の意見を最後までじっくりと聴く　4お互いに問いかける　5無理に話さなくてもいい」(＊2)。進行役の皆さんは、学生の言葉にうなずきつつ、時に「それは○○ということ？」「それは○○とはどうちがうのかな？」と思考を深めてくださった。そして「沈黙にも意味があるのです」と、ゆっくりと学生の言葉を待ってくださった。

「発言はできなかったが、積極的に考え共感したりする事ができた。発言しなければならないというルールがなく、それがかえって集中できた」

誰かの言葉に応えて、誰かが言葉をつなぐ。長い逡巡のあと、ポツリポツリと出てくる言葉。それが馬鹿にされたりせず、きちんと受け止められる。安心が場を包み、心の扉が開く。具体的に交わされているのは言葉だけれど、行き来しているのはそれだけではない。「聞いてもらえる?」という呼びかけであり、「なあに?」という応答に見えた。何人もの学生が「素直になれた」と感想に書いてくれた。

学生の感想を読みながら、以前、小学校の補助教員をしている友人がこんな話をしてくれたのを思い出した。

「『問題児』とされてる女の子がある日、泣いて叫んだのよ。『先生意地悪なんだもん！自分が全部答えを持っていてね、そして私たちに問題ばかり出してね、そして怒るの！先生、全部答え持っているのに、ずるい!!』って。はっとした」。

答えのない問いの前に立つ時、教える・教えられるという上下関係は消え、両者はともに考える仲間になる。未知の世界に出会い、心が震える。学ぶことと、遊ぶことが重なる。

第一回の授業で、私は学生たちにこんな風に呼びかけていた。

「日本の子どもたちは自尊心がとても低いという調査結果があります。皆さんはなぜだと思いますか？　この授業を通じて一緒に考えてもらえませんか」

授業全体をふりかえっての感想で、ある学生はこう書いてくれた。「初回の時は（自尊心が低いのは）日本人は遠慮深いからだと思っていました。でも今は考えが変わりました。向き合ってくれる大人がいないということ、認め合いながら対話する時間が少ないということが理由だと思います」。

「いつかまた輪になって話の続きをしよう」と声をかけ合い、その年の授業を終えた。

＊1　アートと対話を軸に子どものフリースペースを運営。以下、ホームページの言葉から「思いっきり遊ぼう！とか、（中略）友達100人作ろう！とか……とかく子どもに対して『！』が多い。まず『！』をとってそれぞれのペースで何をするかしないか決めたらいい。」（https://www.atelier-cort.info/）

＊2　ルールは各主催者によって少しずつ違う。

第3章

「ともに」が生まれる時

リスクと対話

コロナ禍で、行事の中止や延期、リモート開催を余儀なくされてきた。その中で、よく耳にしたのは、「感染対応についての考え方がまちまちで、スタッフの間でも、どのように議論すればいいかわからず、むしろそのことに疲れました」というリーダーの声だった。コロナ禍に限らず、地域での活動は、各人の気持ちに根ざしているものだけに、その意思決定には悩む。とくにリスクをともなう場合の議論は、丁寧にやらないと関係が緊張したり、事故がおこった時に「誰のせいだ」と責任追求になってしまう。そうなると、活動への意欲は一気に下がる。活動の中でリスクをどのように語っていけばいいのだろうか。「みんなの」活動になるには、どんなプロセスをつくっていく必要があるのだろうか。「わいわい」「あーだこーだ」の価値を再考する。

1　リスクと対話

前著『あそびの生まれる場所』で私は、公共の場に禁止事項が増え、子どもたちが遊べなくなっていく状況を描き、その背景に何があるのか考察を試みた。

①サービス産業化の中で、少しでもリスクがあることは避けられていくこと。

②住民同士が対話をすることを避け、苦情という形で権力に頼るようになると、禁止の看板が増えていくこと。

この2つの要因が重なって、まちから遊びは消えていく。

「何かあったらどうするの？」という言葉の前で誰もがたちすくむ、と。

前章でも紹介したとおり、地域活動をすすめる上で、やるかやらないか、どこまでやるかは、しばしば議論になる。何かをしてみたいという新しいメンバーと、古いメンバーの間でもめたり、その逆に、これまでの行事をこれまでどおりすすめたい古いメンバーと、もうやめたいと思っている新しいメンバー。積極派と消極派の対立。「温度差があって大変です。もう行事は全部やめたいぐらいです」などという役員の嘆きを聞くこともある。

「コロナ禍で、最も苦しかったのは、メンバー間で意見が割れた時だ」という声もよく聞こえてきた。この機会に「みんなでやろう」(みんなでリスクをとって実施する)の意味とその条件について、あらためて考えてみたい。

キーワードはここでもやはり、対話だ。

1 リスクマネジメントの基本

リスクマネジメント(危機管理)は一般的に、次のような意味合いで使われている【図版10】。

①リスクとは、価値が失われる可能性(確率)のこと。より正確には、「ハザード」(危害を及ぼす力を持ったもの)とその危害が発生する「確率」という二つの視点の掛け合わせで考える。

②どんな場合もリスクゼロはない。

③それをやることによって得られる価値(ベネフィット)と、リスクの両方の視点から

リスクマネジメントの基本

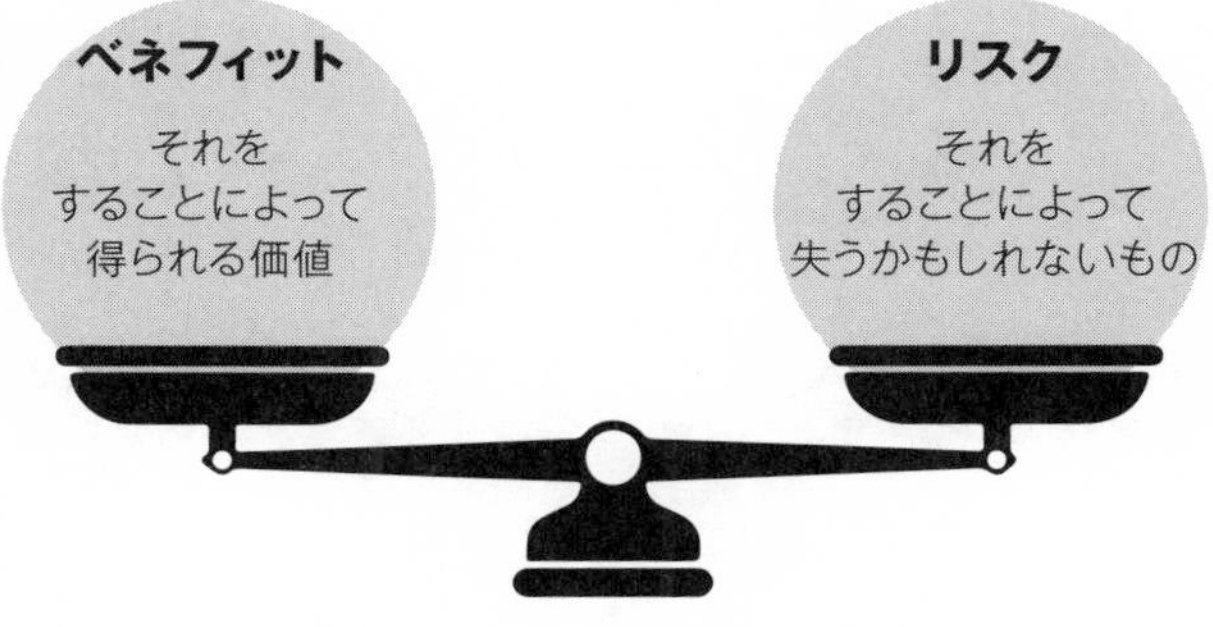
ベネフィット
それを
することによって
得られる価値
リスク
それを
することによって
失うかもしれないもの

「すべてのことにおいてリスクゼロはない」を前提にベネフィットとリスクを極力、正確に把握し、やるやらないの条件を吟味し、決断すること

【図版10】

考える。
「みんなでやろう(やるかどうか)」を考えるにあたっては、価値とリスクを極力、正確に把握し、共有することが前提になる。しかし、それを集団でやるのはとても難しい。人によって、何を価値と感じるかも違うし、リスクについてもなにをリスクとするかの認識がばらばらだからだ。以下、順番に考察していく。

②「やめておこう」と「やってみよう」

ここでは、前述の③について、「価値への了解」と「リスクの可視化(リスクが読める)」という2軸で整理してみる[図版11]。

A▼価値への了解があって、リスクが読めている時➡みんなでやってみよう!となる。
B▼価値への了解がないとなると、「なぜやるの?」という声が聞こえてくる。➡「やめておこう」に
C▼価値への了解はあるが、リスクが読めていないと、「何かあったらどうする?」「なにか言われたらどうするの?」という声が聞こえてくる。➡「やめておこう」に
D▼価値への了解もなければ、リスクが読めているわけでもない。この場合はもちろん➡「や

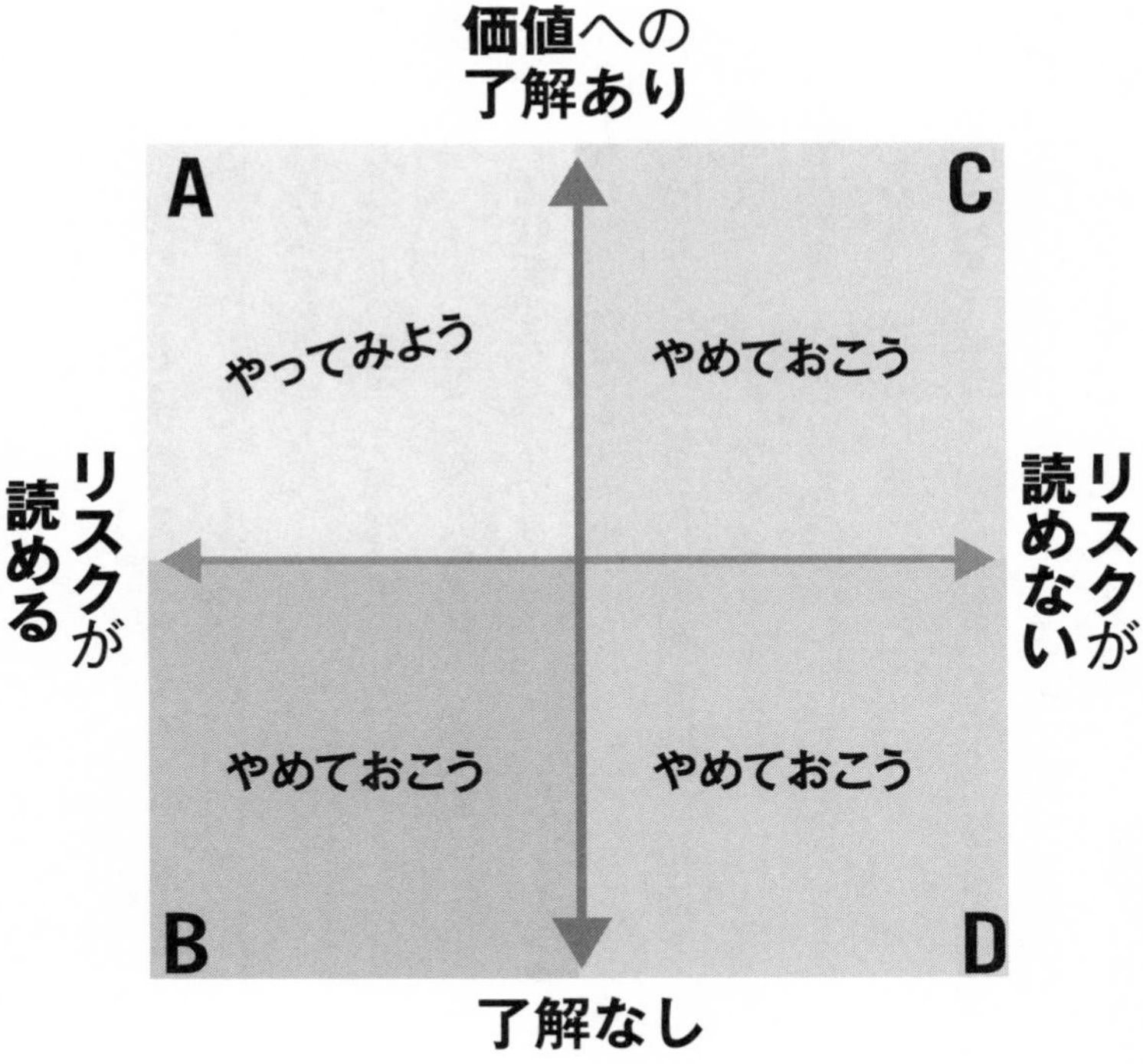
価値への
了解あり
A
C
やってみよう
やめておこう
リスクが
読める
リスクが
読めない
やめておこう
やめておこう
B
D
了解なし

[図版 11]

めておこう」に

ここでいう「リスクが読める」とは、起こりうるマイナスの結果(危険性)について知っていること、そして(価値を得るために)許容したい事故と、(価値が得られるかどうかにかかわらず)許容できない事故(重大事故)の区別がつけられているということ。

リスクマネジメントでは、よく安全と安心は別のものとして扱われる。

安全はリスクを読んだ上で、必要な対応ができている状態。とくに、重大事故を回避するための対応策がわかっている状態のこと。ケガなどのマイナスなことが完全になくなることではない。これを混同すると、なにもしないことが一番いいという結論になってしまう。その意味で、PTAなど地域活動によくある「年度での役員交代の組織」では、「なぜこれをやってるのかよくわからない」(価値の問い直しが行われない)、かつ「とにかくリスクをゼロにしたい」(去年通りにすることでなんとか一年問題なくすごしたい)ので、結果、「リスクをとってなにかしてみるなんてとんでもない」=新しい試みは生まれず同じことを繰り返すことになる。

他方、安心はそのことへの了解(納得)がある状態のこと。ゆえに、情報や判断根拠の共有などを丁寧に行う必要がある。つまりコミュニケーションが問題になる。

以下、私の子どもが通っていた学童保育所の保護者会時代の(保護者会が主催の)夏の野外キャン

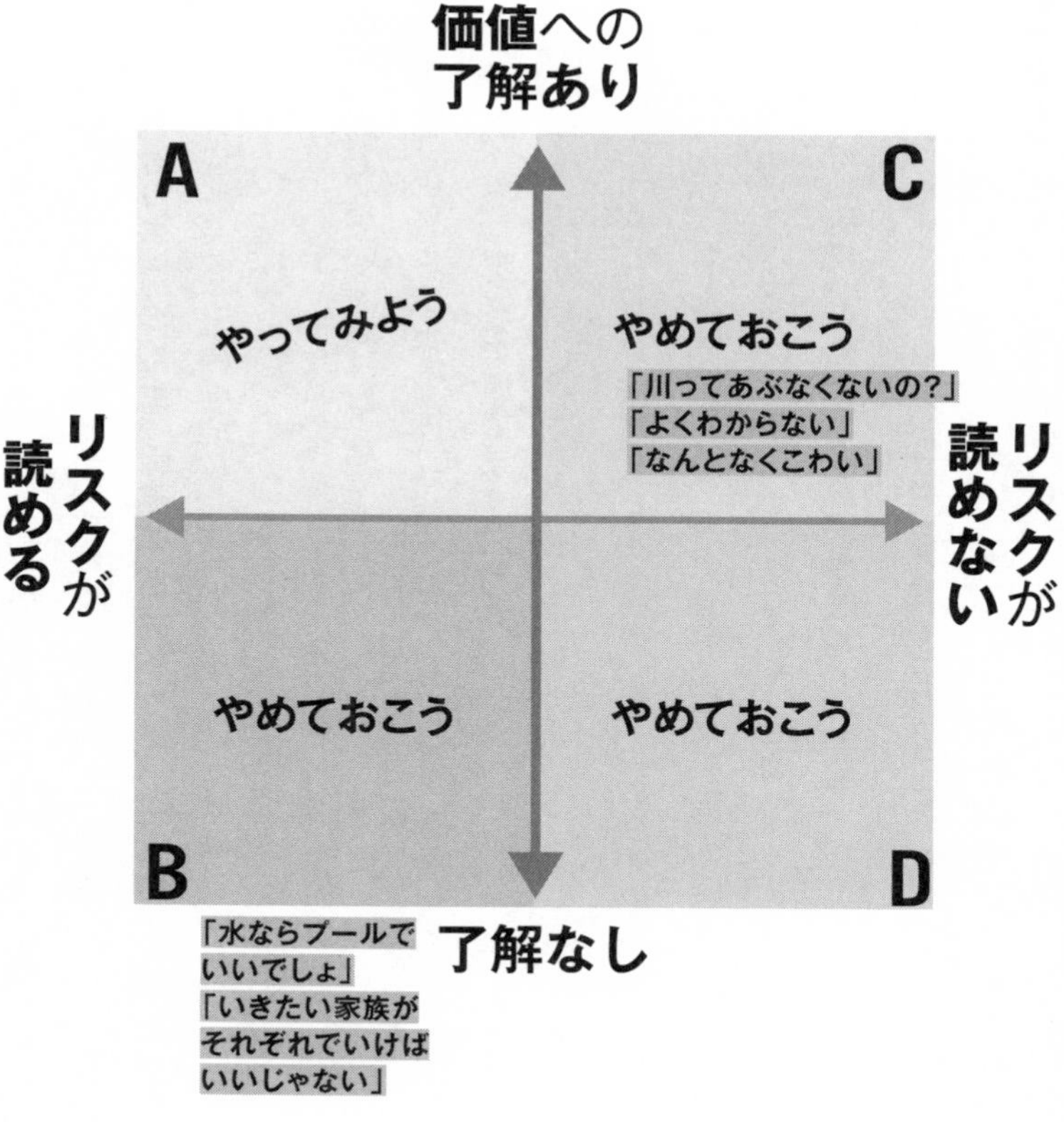
価値への
了解あり
A
C
やってみよう
やめておこう
「川ってあぶなくないの？」
「よくわからない」
「なんとなくこわい」
リスクが
読める
リスクが
読めない
やめておこう
やめておこう
B
D
了解なし
「水ならプールで
いいでしょ」
「いきたい家族が
それぞれでいけば
いいじゃない」

［図版 12］

プをめぐるあれこれを事例に考えたい。毎年、実施したいというベテラン保護者と、なぜするのか理解できないという新一年生保護者の間で、揺れて(もめて)きた。もめるのは、当然だった。メンバーが入れ替わる保護者の組織は、毎年、価値とリスクについての了解を作り直していかなくてはいけないからだ。

①価値への理解・了解がない(図版12の下半分=B D)

たとえば、1年生の親たちにとっては「学童のキャンプ」は未知のこと。なぜそんなことをするのかそもそもわからない。「みんなで川で泳ぐ機会を」というベテラン保護者の意見に対して、「水ならプールでいいでしょ」「行きたい家族がそれぞれで行けばいいじゃない」となる。子ども時代に野外で遊んだり、みんなでわいわいと活動した(それが楽しかった)経験の少ない若い保護者にとっては、そう思うのも無理はない。ましてや「他人の子も連れて行く」(私たちの学童のキャンプは子どもだけ参加もあり、みんなでみんなの子を連れて行くというものだった)というのは、他人に子どもを預けたり、預かったりした経験もなく、幼稚園、保育園を「託児サービスのお客さん」として過ごして来た保護者にとっては、想像がつかないぐらいハードルの高い行為と受け止められる。

②リスクが読めない(図版12の右半分=C D)

見えないこと、わからないことこそが不安を生む。リスクが見えないと「とにかく不安」という声が聞こえてくる。「川ってあぶなくないの?」「よくわからない」「なんとなくこわい」と。

結果として、やりたい・やってもいいと考える保護者とやりたくない保護者に二分される。「子どもたちのためにやることだろう」という(主にベテランの)熱い声と、「そんなのやりたい人がやりたいだけでしょ」という若い保護者の対立に発展していく。長年、学童保育所にとって、夏のキャンプは、保護者同士、保護者と子どもの関係づくりの場として、最強の機会だった。しかし、近年は感情的な対立に発展することもしばしばだった。もはや、みんなで取り組み、結果として関係性を育む機会としてのキャンプは無理が目立つようになっていた。

とくに、近年は、意見が違うことを「もめごと」ととらえ、話し合って決めていくことをとにかく避けるという傾向が強くなっている。結果として、子どもたちが行きたいと言っても、やらないという判断になることが増えてきていた。

③「やってみよう」になる時

さて、価値とリスクについて認識・意見が割れた時は、どうしたらいいか。

ここで丁寧な「対話」ができるかどうかが、重要なポイントになる。

①対話による価値の明確化（共有）　図版12　B↓A

経験していない人に価値を共有してもらう試み。上記の、キャンプの事例でいうと、私の現役保護者時代は、写真や映像をつかって、前年のキャンプでの子どもたちのいきいきとした表情を見てもらったり、前回のキャンプで子どもたちからどんな言葉が聞かれたか、子どもたちはいまどう思ってるか（「行きたい！」）を共有した。映像を見て、「いい表情ですね」と共感してもらえたらＯＫ。共感までしてもらえなくても、まあ、いいかと許容してもらえたら十分。「子どもたち楽しみにしてるよね」「去年、川で遊んだ時、子どもたちほんとうに楽しそうだったよね」「みんなで遊ぶと楽しいよね」そんな声をもちよる。

ただし、この時、「べき論」で話すのは極力避けたい。

「子どもは自然の中で育つのが本来だ」「自分の子どもだけではなく、他の子のことも考えるのは、大人としてあたりまえだ」などの言い方で、「正しさ」が前面に出ると、議論が「勝ち負け」になっていく。経験・実感のない保護者にとっては、「ただの押しつけ」になる。

そうではなく、「○○○○だから、私はやりたい」と、ひとりひとりが、いわゆる「Ｉ《アイ》メッセージ（私を主語にした語り。「私はこう思う」という自己開示で、相手にこうすべきなどと言わない。自分の言葉の受け取り方は、一旦相手に委ねる）」で丁寧に語ることが重要。なるべく経験・エピソードをもとに話すと対話が生まれていく（いわゆる「哲学対話」のルールが参考になる。114ページ参照）。「キャンプとは、そういうものだ」「Ｐ

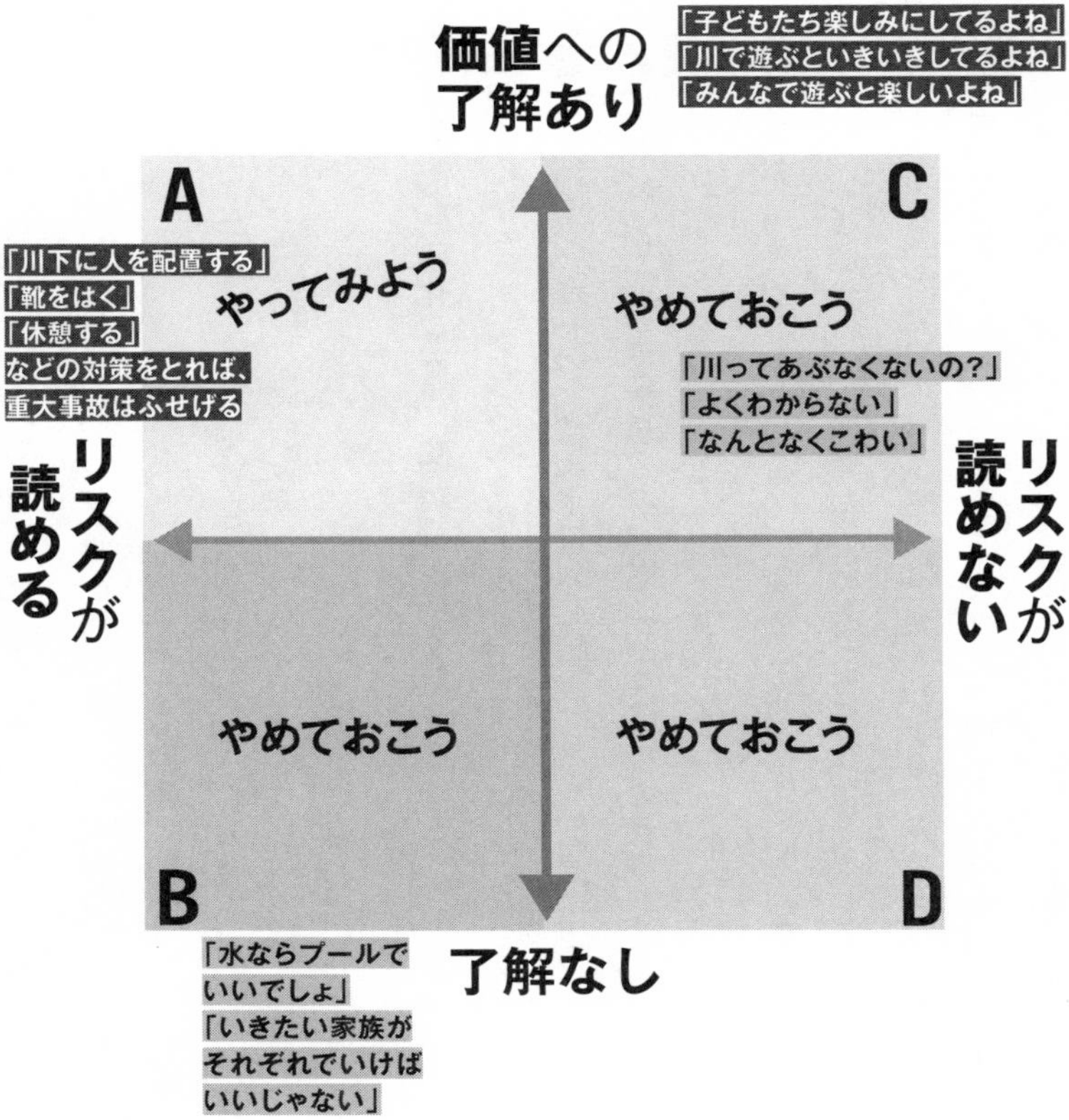
価値への了解あり
「子どもたち楽しみにしてるよね」
「川で遊ぶといきいきしてるよね」
「みんなで遊ぶと楽しいよね」
A
C
「川下に人を配置する」
「靴をはく」
「休憩する」
などの対策をとれば、
重大事故はふせげる
やってみよう
やめておこう
「川ってあぶなくないの？」
「よくわからない」
「なんとなくこわい」
リスクが読める
リスクが読めない
やめておこう
やめておこう
B
D
「水ならプールでいいでしょ」
「いきたい家族がそれぞれでいけばいいじゃない」
了解なし

[図版 13]

TAとはそういうものだ」という言い方をすると、「ははぁ、ここはこの人がもう最初から正解をもっている場所なんだ」「この人の言葉がこの場の正解なんだ」となる。話し合いの中で、「最初から正解はない、だから話し合っている」という「場に対する信頼」が生まれない。そうなると、その行事を実施してもしなくても、関係に傷が残る。保護者どうしの関係づくりのための行事なのに、関係を壊す方向に動かしてしまう。

②対話によるリスクの明確化（共有）　図版13 C↓A

次に、不安な点や不明なことをなるべくたくさん、すべて出してもらう。その上で、ひとつずつその対応策を考えていく。「万一のため川下に人を配置する」「河原・川の中では靴をはく」「休憩する」……「こうすれば、重大事故（許容できないリスクの発生）はふせげる（リスクはゼロにはできないが、限りなく排除できる）」ことを確認していく。逆に、防止できないのであれば、それは実施しないことを確認する。この作業は、リスクゼロではなく、（価値を実現するために）許容していきたいリスクとそうではないリスクについて腑分けし、共有していくプロセスになる。たとえば、川遊びの場合、河原の石や流木で打ち身や多少の切り傷を負う可能性はある。そのリスクをゼロにすることはできないし、それが許容できないならそもそもキャンプには行かないほうがよい。他方、重大事故（流される、溺れる、飛び込みが浅くて川底で強く打撲する、ガラスで深く切るなど）を明確にし、これを防ぐことができる(必要な対応がとれる)かどうかを吟味する。どうしても防げないようなら、川遊びはやめる(この判断は当日もある。たとえば、遊ぶ予定の川が深くえぐれていたりとか、あるいは上流の状況を含め天候の悪化は重大事故になりえる)。

丁寧な対話を重ねると、そのプロセスを通じてどこまでの範囲なら許容できるかについて、みんなで(集団として)確認できる。「リスクをとって、みんなで実施する」とは、こうした対話のプロセスのなかで納得が生まれてくるということなのだ。

④「わいわい」「あーだこーだ」の価値

ひとりひとり自分の言葉で「やってみたいね」を語る。と同時にひとりひとり自分の言葉で「心配ごと」を語る。それぞれの意見をもちよって、互いに応答しながら「こんなふうになるといいね」「こうしたらおもしろいかも」とわいわい話し合えること。「こうなったらどうする?」「これはまずくない?」「じゃあ、こうしたらどう?」と話せること。すなわち価値とリスクを出し合って、対話を丁寧にすれば、結論は自ずと生まれてくる。その結論は誰かに属しているものではなく、「みんな」に属している。そして、そこで生まれてくるのは(当面の)結論だけではない。参加者のひとりひとりに私のイベントであるという当事者としての自覚が生まれている。「なにかあったら誰のせいか?」という「帰責性」ではなく、「このイベントがよくなるかどうかは、私次第」という責任感が生まれる。

また、それは結果として、①当日の安全の確保(重大事故の回避)と②プラスの意味での計画外の出来事(おもしろさ、意外性、偶発性)を許容する気持ちの余裕(あそび)が生まれていくということでもある。丁寧にすすめていければ、その行事が終わった時に、行事そのものの「成功」に加えて、すすめてきた人たちの間に信頼関係が育まれているはずだ。「コミュニティを育む」(ソーシャル・キャピタルの蓄積)という視点でいえば、行事を通じて信頼関係が育まれることのほうが、結果の「成功」よりもむしろだいじなのではないだろうか(失敗しても、やり直せる仲間がいるほうが、幸せだ、と)。

私の経験した学童保育所のキャンプの場合は、保護者が同行しない子も参加できるということになっていた。そこでは「連れて行く(子どもを預かる)人」も「預ける人」も互いに納得した上で、キャンプを実施することができるかどうかが、重要なポイントだ。以前、実施後に「心配ごとがあるのに、言えなかった」と言われたことがあり、落ち込んだことがある。そして、もし事故が起こっていたら……とひやりとしたことがある。少しでも不安や疑問があれば、なんでも言えると感じてもらえる場になっているかどうかなのだ。無理に連れて行ったら、たとえキャンプはたまたま無事に帰ってきても、信頼関係を大きく損なう。また、それで事故がおこったら、それこそ「誰のせいか」という最悪の関係になる。

当日、大雨で、現地でなにもできずお手上げ、あちゃーとなっても、その状況を誰のせいにもせず、笑いあえるような関係ができていたら、それこそ「あの時は大変だったね〜」となつかしく思い出すことができるだろう。そして「またやってみよう」「次はこんなやり方でためしてみよう」という言葉が生まれてくる。反対に、（ベテランの熱い）一部役員がいつのまにか決めました、ということになると、たとえ行事はできたとしても、確実にしこり（不信感やうらみ）が残る。

その意味で、地域活動は「みんなでやってみよう」という合意が生まれた時点で、その行事はすでに成功とすら言ってもいいのではないだろうか。これが、長年地域でさまざまな活動を実施してきた私が、活動の中で得た評価の軸だ。準備を含め楽しかったとふりかえれる時間になっているかどうかなのだ。

5 「俺の五輪」になってしまった理由

さて、この「みんなでやる」を深く考える事例として、２０２１年夏の東京五輪開催がある。本来は「みんなのおまつり」である五輪が、そうならなかったという意味で、残念な結果として歴史に刻み、学ぶべきではないか、と私は考える。コロナの感染急増で医療が崩壊しているにもかかわらず、開催が強行されたことで、結果として「みんなでやろう」の機運は生まれなかった。今回の東京五輪の大会モットーは、「United by Emotion〜感動で、私たちはひとつに〜」だった。発表の記者会見で武藤敏郎事務総長は「世界はあらゆる面で分断が進んでいる。多様な人びとが感情を共有してひとつになる。東京大会をそのような大会にしたい」と説明したという。しかし、多様な人びとが感情をひとつにすることはできなかった。もともとひとつにすべきかどうかも大いに疑問があるが、仮にそれをよしとするとしても、組織委員会が願った〝ひとつに〟という結果にはとうていならなかった（NHKが2020年7月に行った世論調査で、開催を「中止すべき」という意見は31％、「延期すべき」という意見は35％、「開催すべき」は26％であったことは、記録に残しておきたい）。

そうなってしまった理由を、前述の価値とリスクの視点から考えてみたい。

まず、価値について。

五輪の価値自体が疑われる状況がいくつも発生し、議論を混乱させていた。誘致時は「復興五輪」とうたったものの、実態は五輪開催で東京で建設ラッシュが起きたために人手不足や建築資材の高騰が起きた。感染拡大下の「コロナに打ち勝った証として」などのスローガン（開催意義）は実態と乖離したむなしいものだった。真夏の開催やテレビにあわせた競技時間などアスリートファーストではない姿勢、聖火リレー時の企業のおおよそ公益的とはいえない派手なパフォーマンス、JOCによる開催地の誘致のための買収疑惑、のべつまくなしの経費拡大、ボランティアへの不誠実な対応など、「お金まみれのショービジネス」といわれてもしかたがないような現代の五輪の状況が明らかになった（のちに元理事が受託収賄罪で問われ、巨大な談合の実態が明らかになった）。

そもそも、スポーツの本質的な意味と現在の五輪の結果至上主義のありようはあまりに乖離しているのではないかという議論はもっともっと必要だった。たとえば、ラグビー元日本代表の平尾剛（神戸親和女子大教授）は、ウェブマガジンでオリンピックの商業主義と勝利至上主義がスポーツの発展を阻害しているとして、ノルウェー出身のプロスノーボーダーで長野オリンピックへの出場を拒否したテリエ・ハーコンセン選手の言葉を紹介している。

オリンピックのせいでハーフパイプは過去十年ほぼ何の変化もしていない。同じ形式で、同じパイプで、選手がどんなことをするのかさえ簡単に予想できてしまう。ひどく停滞しているんだ。三位、あるいは三位とは言わずとも、どうしたら入賞できるかを選手たちは把握している。アクションスポーツが築きあげてきた自発的創造性がそこには存在しない。

https://www.sumufumulab.jp/column/writer/w/6/c/174

他方で、２０２１年の東京五輪でスケートボードの選手たちが、国など関係なく交流する姿は新鮮だった。新しい技＝試み・冒険をした選手を称えあい、抱き合う。まるで街なかのスケートボード場やストリートで遊んでいるかのようだった。彼女たちに学び、ＰＬＡＹ（人の生きるよろこびとしての遊び）としてのスポーツの価値について、いったん立ち止まって議論すべきなのではないか。

また、一方でリスクについてはあまりにも不透明だった。この点、政府の対応はとても不誠実だった。五輪を開くことで、どんなリスクを私たちが許容しなければいけないのかがまったく知らされなかった。結局、五輪開催中に感染は爆発的な拡大をし、ワクチンの摂取が諸外国に比べ滞ったこともあり、適切な医療を受けられず自宅で亡くなる方が出てしまった。犠牲者は、一人ずつ病院(または自宅)で静かに亡くなる。妊婦さんが自宅で出産し、赤ちゃんが亡くなった事例のように、なんらかの理由で「事件化」しなければ深刻なリスクと認識されない。むしろ為政者はそのことをおりこんで、なかったことにしていたのではないかと邪推したくなった。

繰り返しになるが、どんなことでも「リスクゼロ」はない。しかし、重大事故を許容せねばならぬ義務もない。本来の対話を積み重ねた結果として生まれる「みんなでやる」にきちんとこだわることは、結果として重大事故の回避につながるはずだ。2021年夏にテレビで同時に流れる「金メダルです」と「感染者・死亡者の激増です」という2つのニュースをどう受け止めていいのか、誰もがとまどった。分裂する感情をつなぎとめること、それ自体が大きな心の負担だった。

誤解なきように付け加えておくと、五輪と感染拡大の直接の因果関係については今も見解が分かれる。ただ、ここできちんとふりかえっておきたいことは、「開催すべきでない」という声に対して、開催の判断の根拠を丁寧に示すという最低限のことをしなかったということだ。価値とリスクについての丁寧な対話、社会的な合意を形成する努力がまったくなされなかった。その結果として、「みんなでつくるみんなの五輪」にならず、「俺が決める、俺の五輪」となってしまった。このことは、きちんと記録しておきたい。それは、主権在民というこの国・社会の根幹の考え方にかかわるからだ。きちんと情報を公開し、共有し、市民と政府の間で、あるいは市民同士が良質の対話ができるように環境を整える必要があった。それが市民から権力を託されている政府の仕事なのではないだろうか。誰が政府を担っても、「俺の政府」にさせないために、きちんと総括しておきたい。

2 自分の言葉で〜コロナ禍の自粛から考える公共の場

ここであらためて、コロナ禍で見えた、リスクと公共の場・施設のありようについてふりかえってみたい。

２０２０年２月の末、すべての小中学校に出された突然の休校要請。長い自粛生活がはじまった。すべての公共の場が、「開く／閉じる」の判断を迫られた。他方で、保育園、学童保育は開所し続けることを求められた。誰もが〈モヤモヤ〉を抱えたまま、多くの人はステイホームに突入し、あるいは勤務をし続けることになった。この時期大量に発生した〈モヤモヤ〉について、「開く／閉じる」と「主体的でありえたかどうか」を軸に整理してみた［図版14］。

①コロナ禍の2つのリスク

ここまで述べてきたように、私たちは通常、何かを行う際に、それを行うことの価値（ベネフィット）と、それを行うことによって生じるリスク（望まぬ結果）を天秤にかけて、どうするかを決めている（「リスクマネジメント」）。しかし、2020年2月にはじまったコロナ禍は、2つのリスクを同時に考える必要があった。感染による健康リスク（以下〈感染リスク〉）と、感染防止により発生する社会的リスク（以下〈社会リスク〉）だ。

〈社会リスク〉は、短期的には、「ステイホーム」によるDVや虐待リスク、中長期的には三密禁止（フィジカルディスタンス）による子どもの育ちへの影響、芸術文化の危機、そしていわゆる「地域経済・雇用の危機」等である。〈社会リスク〉という言葉はつかっているが、それは〈感染リスク〉以外のもうひとつの「命の問題」ということでもある。しかしこちらのリスクは、因果関係が立証しづらい。数値になりづらいため認識されくにい。

たとえば、学校などでは文化祭などの行事の中止は、生徒自身が工夫を重ねて作り出していくことができる学校の中では貴重な時間を失うことになった。また、留学や旅行など、未知の世界に出会うことが若者のうちにできないことの意味は、長期間にわたり社会に影響を及ぼすの

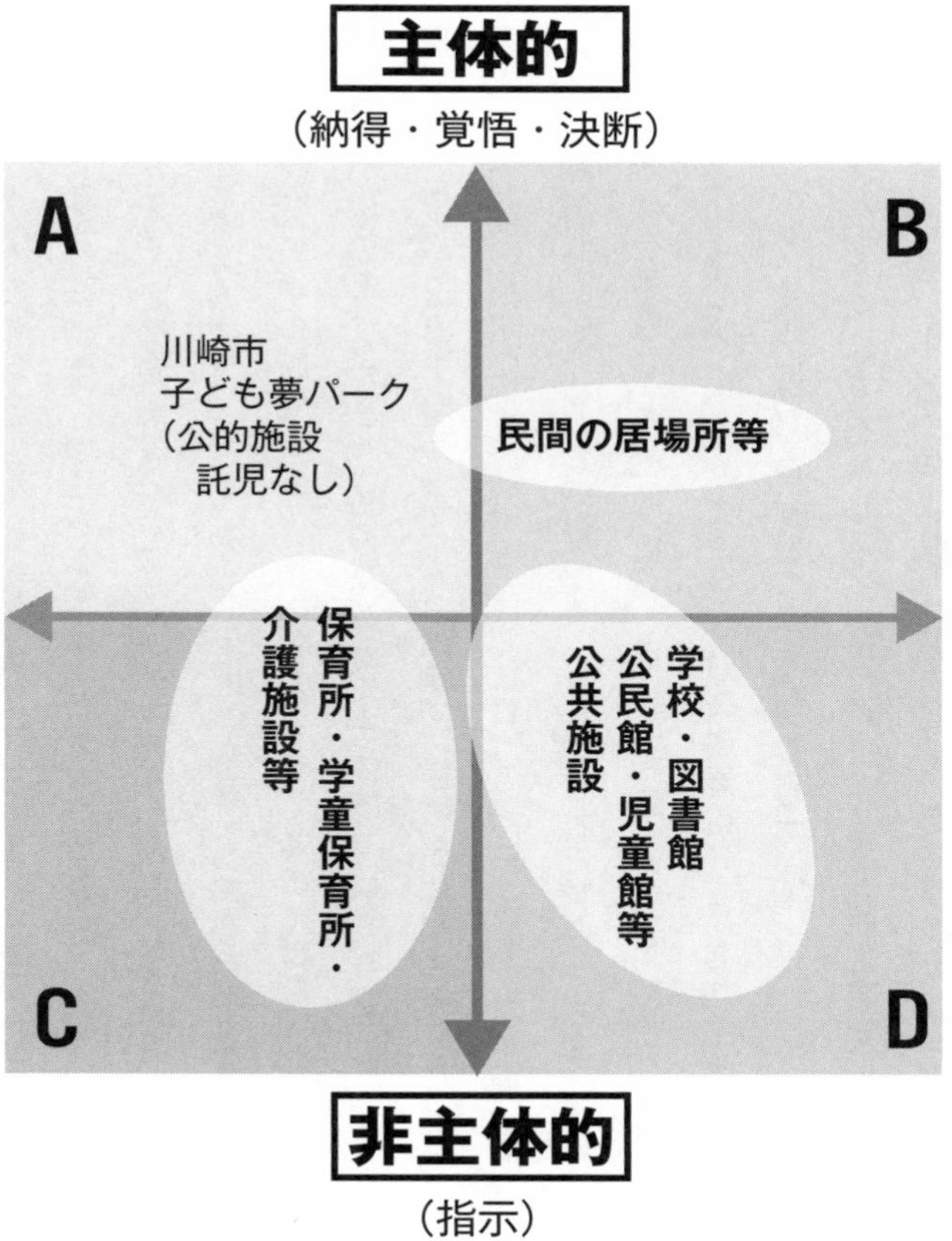
主体的
（納得・覚悟・決断）
A
B
川崎市
子ども夢パーク
（公的施設
託児なし）
民間の居場所等
開く
閉じる
保育所・学童保育所・
介護施設等
学校・図書館
公民館・児童館等
公共施設
C
D
非主体的
（指示）

［図版 14］

ではないだろうか。また学校と地域住民の交流も、ほぼすべて中止となった。コロナ禍の前から、現代の日本社会の子どもたちは、家族と学校の先生だけとの付き合いの中で育つことになりがちだった。それが子どもたちの生きづらさを生み出してもいる要因のひとつとの見方もある。だからこそ交流を、ということで全国でさまざまな取り組みが行われてきていた（第4章で紹介した学校を舞台にしたさまざまな試みなどは、それこそ新しい人の暮らしの重ね方の実践例である）。それらのほぼすべてを失ったことの意味は、長い時間を経てから顕在化してくるのではないかと危惧する。

この時期の公共の場のありようを、各事業ごとに主体的な判断だったかどうかを軸に図にしたものが、図版14である。2020年3月～5月まで、学校をはじめとした公共施設は、ほぼ一律に政府または自治体の指示による閉鎖となった【D】。逆に保育園・学童保育所等は強制開所で〈感染リスク〉に配慮しつつ開設しつづけるように指示された【C】。さまざまなリスクと、しかしそこで得られる価値を考慮し、各施設・場が、自らの判断で、開く／閉じるを考える【A・B】というのが本来のリスクマネジメントだが、2020年の春は、そうした主体的な判断ができないまま、全国ほぼ一律の開ける／閉じるとなっていった【C・D】。

主体的にふるまえなかった、すなわちリスクマネジメントが実質的に不可能だった第一の理由は、言うまでもなく「新型」だったからだ。何よりも〈感染リスク〉の中身（ハザードの深刻さと頻度）がつかめず、かつ感染防止の具体的な対応策も確定せず、結果、判断の基礎となる情報を各自が持つことができなかったことにある。誰もが「経験知がゼロ」という厳しい状況となった。また、政府の方針も揺れた。揺れるのは仕方がない。が、この時問題だったのは、その判断の根拠がきちんと示されなかったことだ。そのため誰しもが「納得」にたどりつけなかった。たとえば、「自粛」。自粛とは本来は(リスクマネジメントにもとづいて)自分で判断し「閉じる」「しない」を自分で決めること、つまり図の【B】のはずだが、実態としては、「世間の目」への忖度(開いていたらなんといわれるかわからない/自粛警察に告発される)からだけで【D】となった施設も多かったのではないだろうか。公共施設のこうしたふるまいは、コロナ禍の前からのことで前著『あそびの生まれる場所』に次のように書いた。

「何かあったら困るので」は、遊び(心)の火を消す魔法のことば。このことばの前には誰もがひるむ。ここで言う「何か」の意味は、2つある。ひとつは、重大事故。もうひとつは苦情だ。

苦情があるとすぐ禁止する・閉鎖するという対応は、公設の施設にありがちなことだ。「ことが起こらないこと」が最優先事項(基準)と考える設置者(本庁の管理職など)は、苦情が入ると、その活動の社会的価値と社会的リスクを吟味することなく、とにかく苦情が出ないことだけを現場に要求する。結果、保育施設も文化・社会教育系の施設も公設の施設は、価値の生まれにくい

（「つまらない」）場所となりがちだ。そもそも「ことが起こる」ことについては、社会的な議論が難しい。主体的に生きるには、リスクを必ず含む。住民のさまざまな活動も、リスクをゼロにしようとすると活動が成り立たない。住民のエンパワメントという価値は数値化することが極めて難しいので、リスクをとってでも実行するという合意をつくることは至難の技ということになる。

また、**【C・D】**は、納得の上の行動ではないので、主体的な行動をするものに対して攻撃的な感情を生みやすい。自粛警察などの過剰な行動は、「（納得できないけれど）私は我慢しているのに」という感情が、他人への攻撃に転嫁したものだったのではないだろうか。

2 開き続ける判断をした施設

さて、ほぼすべての公共施設が閉まるという前代未聞の状況のなか、「川崎市子ども夢パーク」（公設民営／川崎市が設置、NPO法人 フリースペースたまりば等が指定管理者として運営）は開園しつづけていた**【図版14のA】**。〈社会リスク〉の視点からの「命を守る」という主体的な判断の結果だったという。

以下は、夢パーク所長（当時）の西野博之さんの最初の緊急事態宣言直前のFacebookの記事。

西野博之　2020年4月4日

またしても学校の休校が継続。安倍首相が全国一斉休校を要請したときに、最初に頭に浮かんだのは、虐待が増える心配だった。コロナの感染が拡大・長期化するにつれ、外出自粛が強まり、子どもは遊び場を失い、仕事を奪われたおとなたちはイライラを募らせ、ストレスをため込んでいる。いろいろなところから虐待やDVの悲鳴が聞こえてきている。兄弟ゲンカや家庭内暴力の相談も増えた。こんなときだからこそ、遊び場は開いている必要がある。子どもの居場所は閉めてはならない。いつもと変わらぬ居場所があって、いつものスタッフが心配や不安な気持ちを受け止めてくれる。家庭内で起きている言葉にしづらいことを吐き出す相手がいる。子どもたちが安心してヘルプを出せる環境を失くしてはならない。そのために昨日は市役所に行って、局長級の幹部職員と協議を重ね、今日はスタッフ間で長い話し合いの場を持った。

感染拡大を防ぎながら、どのようにして子どもの居場所を守るか。コロナに「うつらない・うつさない」ために、いま私たちにできることを子どもたちと共に考えながら、夢パークとフリースペースえんを開き続けたいと思う。

実際、最大限の感染防止対策を講じての開園の継続がなされ、閉じることはなかった。私は、こうした川崎市および西野さんはじめ夢パークのスタッフのみなさんの今回の仕事は、すぐれたリスクマネジメントとして高く評価されるべきだと考える。それは単純に「あの状況で開いていたからすごい」という意味ではない。公設の施設でありながら、主体的な判断の結果、「開く」を選択し、かつ、それを積極的に発信していた点であの時期の公設の施設のありようとして、記録されるべき価値があると考える。仮に、万が一、陽性者が出ていたとしても、おそらく「閉鎖によるリスクを重くみて開所していた」ということをきちんと説明されただろう、という意味で特筆されるべきだと思う。

一方で、民間の居場所の活動の中には、周囲との関係に気をつかいつつ、なんとかぎりぎり〈社会リスク〉の高い人を受け入れる判断をしていた場所は数多くある。たとえば、富山県高岡市にある「ひとのま」は、この「自粛」期間中、ひとのまに通ってきている人々に対して、「ひとのまを完全に閉じることはない、ほんとうに苦しくなったら、いつでも来てもいい」というメッセージを伝えようとしていた。(ｆｅｍｉｘ発行『we』２２７号２０２０年８／９月号)

さらに言えば、開くことを要請された保育園、学童、介護施設も、主体的に〈感染リスク〉と〈社会リスク〉の両方をにらみつつ、開園していた園もたくさんあった。「この子は家庭にいるよりも、通ってきていたほうがいいよね」と保護者への「登園自粛のお願い」の「ニュアンス」を工夫していた園もあった。「どうしてもつらくなったら登所しても大丈夫だよ」と呼びかけていた園も。介護施設なども、社会的な関係性をだいじにしていた施設ほど、苦悩し、可能なかぎりの関係性の保持に向けて努力していた(図版14の【A】にあたる)。

第4章で紹介する世田谷区の上町しぜんの国保育園(185ページ参照)のように、区の要請で全面閉園を余儀なくされた間、園を親子の散歩の拠点にできるようにポップコーンの屋台をだしたり、手紙のやりとりができるように、専用ポストを設置したりした園もある。園長の青山誠さんの保護者への「不安な時は一緒に揺れましょう」という呼びかけは、公共施設とはどうあるべきか、あるいは、公共とは何かを考える上で多くの示唆を与えてくれる。危機に臨んだ時、利用者をお客様のままにしておくのか、当事者になってもらうのか、そこにその園が目指していることが端的にあらわれたのではないだろうか。その場所が誰のものなのか、運営者(だけ)のものなのか、それともみんなの場所にしたいのか。自粛下で、各施設があらためて問われた重い問いだったのではないだろうか。

3 自分の言葉で揺れる

繰り返すが、確かにコロナ禍については、新型ゆえに情報が少なく、主体的に判断すること(決断すること)はとても難しい状況だった。しかし、だからこそ今回の閉鎖は、その施設の価値とはなにかを、あらためて問い直す機会となったのではないだろうか。日頃から価値とリスクの間で、きちんと揺れ、その都度、主体的な判断をだいじにしてきた施設では、コロナ禍でも可能な限りのぎりぎりの判断をしていた。開くにせよ、閉じるにせよさまざまな工夫をしていたのではないだろうか。問われているのは日常のありようだったのではないだろうか。

たとえば、一斉休校となった公立学校はどうだっただろうか。休校にともない、給食も中止になった。給食を重要な栄養源にしていた子どもたちにとってはつらい日々となった。なにより西野さんが言うように、家庭が居場所とはなっていなかった子たちにとってはとても危険な日々だった。リモートの授業も、自宅でできない子がいるということで、公立の小中学校ではほぼ一切、オンラインでの活動は行われなかった。102ページの「平等」と「公平」の違いを表したイラストのようにそれを平等な扱いと考えてよかったのだろうか。たとえば、自宅に設備のない子だけ学校に来るということはできなかっただろうか。それをえこひいきととられたくないと考えたのかもしれないが、それは結果として公平になっていたのだろうか。有事の際の対応は、日頃からどのような「平等観」で学校が運営されているのかを表す。平等と公平を混同していなかっただろうか。あるいは、もし現場としてなにかしようとしたら、教育委員会や行政機関が一律にとめた（どの学校も平等になにもできないようにした）ということだとしたら、そのシステムそのもの、組織の文化そのものをここで一度問い直すべきではないだろうか。私たちはどんな社会をつくりたいのだろうか。

学校が、「みんなで」学ぶ、暮らす場だとしたら、あの時、どうあればよかったのだろうか。

コロナ禍がはじまった直後、歴史学者の藤原辰史が紹介していた、中国・武漢の作家方方《ファンファン》の言葉をもう一度、胸に刻みたい。

武漢で封鎖の日々を日記に綴って公開した作家、方方は、「ひとつの国が文明国家であるかどうか［の］基準は、高層ビルが多いとか、クルマが疾走しているとか、武器が進んでいるとか、軍隊が強いとか、科学技術が発達しているとか、芸術が多彩とか、さらに、派手なイベントができるとか、花火が豪華絢爛とか、おカネの力で世界を豪遊し、世界中のものを買いあさるとか、決してそうしたことがすべてではない。基準はただひとつしかない、それは弱者に接する態度である」（日本語訳は日中福祉プランニングの王青）と喝破した。

藤原辰史『パンデミックを生きる指針――歴史研究のアプローチ』２０２０年４月２日

https://www.iwanamishinsho80.com/post/pandemic

この3年あまり、コロナ禍における日本政府の対応は、「文明国の対応」であったといえるだろうか。広く人びとが対話のなかで、主体的に判断している環境を整えることに心を砕いていたといえるだろうか。私はそうではなかったと思う。根拠が共有されない ↓ 現場は主体的な判断ができない ↓「世間・まわりが基準」となり ↓ 苦情がこない、話題にならない＝なにごともないのが一番 ↓〈〈社会リスク〉は考えないようにして〉「とにかく閉鎖」となりがちだった。明確な根拠を示し、必要に応じて補償を明示すれば、たとえば飲食店の事業者はもう少し納得して主体的に「閉じる」判断ができたはずだ。しかし、結果としては、対話もなく一律に禁止をすることで、より弱い立場の人を追い詰めることになってはいなかっただろうか。

誰もがはじめての事態。判断が誤っていたということもあるだろう。その時は、その根拠を示し訂正すればよい。失敗は責めてもしかたがない。失敗からみなで学びあえる社会をつくりたい。しかし、だからこそ、嘘、隠蔽、粉飾は許してはならない。それは私たちが学ぶこと＝主体的であろうとすることを明確に阻害するからだ。

そもそも、コロナがあろうがなかろうが、誰しも自分の生を主体的に生きる権利をもつ。可能な限り自分で（自分たちで）納得しながら生きていけるようにしたい。何が「不要不急」で、何が「必要火急」なのかは、本来、その人自身が決めることだ。まず、それぞれの判断をだいじにする。次に、その判断がずれる時に対話をする。その対話を重ねることで、ひとりひとりを尊重する寛容な社会が育つ。

前述の「夢パーク」の施設内にはプレーパークがある。プレーパークは、40年ほど前から、子どもが思い切り遊べなくなっていくこと（ゼロリスクを求め、育ちを保障できなくなっていく社会）に強い危惧を覚えた市民によって育まれてきた遊びの場、またはその場づくりの活動。死亡や後遺症の残る事故を排除しつつ、こどものやってみたいという主体性を保障することを目指し、徹底して対話を通じての問題解決を図ってきた。

以下は、前著でも紹介したプレーパークに通う常連の子どもの言葉。

「おれ、ここ（プレーパーク）の大人は信じれる。『何で（ダメなの）？』って聞いた時に『常識だろ』とか、『きまりだから』とか言わずに、自分の言葉で考えをぶつけてくるから」

子どもから問われたら、可能な限り「自分の言葉」で応えていく大人でありたい。また、どうすればいいかを、子ども（市民）とともに考え＝対話の中で、決断していきたい。場を設置している人、そこで働いている人、利用する人、それぞれがともに学びあい、工夫しあい、助けあう関係でありたい。状況に対して、主体的にかかわること、工夫すること。そこから生まれる「おもしろい！」。

それを私は〈遊ぶ（ＰＬＡＹ）〉と呼んできた。

〈モヤモヤ〉はまだ続いている。だから、ちょっと無理をしてでも書いておきたい。

NO PLAY《遊びなくして》　NO LIFE《人生なし》　と。

［コラム3］

スマホ相談会

（2022年2月）

11月のある秋晴れの一日。住んでいる団地の自治会の文化祭の企画で『中学生によるスマホ相談会』を開催した［写真9］。相談者は団地の高齢者。「相談員」は地元の中学生たち。朝10時、路上に机と椅子を置いて、臨時青空相談所の出来上がり。看板もその場でみんなでつくった。団地の自治会だよりで広報はしたものの、本当に相談者が集まるのかどきどきだった。が、開始時刻前からスマホや携帯を手にした70代、80代の人々が次々に集った。用意した相談用の机と椅子はたちまち埋まり、あちこちでやりとりがはじまった。

「どうされましたか？」

「家族に何回も聞くと、いやがられてねえ（笑）」

「どんなことがしたいのですか？」

「あのね、カメラってどうやったら使えるの？　販売店で説明されたんだけど、早くてわからなくてね」

最初、二人一組で対応してくれていた「相談員」たちも、次々に来る相談者への対応ですぐに一人立ち。出会ったばかりの「相談員」と相談者が頭をくっつけんばかりにスマホの画面をのぞいている。最初、不安そうだった「相談員」の表情も慣れてくるにしたがい頼もしい態度に。笑い声も聞こえてきた。ハイタッチでよろこびあう姿も。私は、引率で来てくれた学校の先生とともに、「困ったことがあったらいつでも声をかけて」と声かけしながら、見守るのみ。あたたかい風景だった。

コロナ禍に入ったころ、携帯電話各社は高齢者に対して「ガラケーはやがて使えなくなります」と宣伝し、スマホへの買い替えを強く勧めた。しかし、いざスマホを使ってみようとすると……使えない。そんな困ったという声をたくさん聞いていた。そこで、一計を案じ、地元の中学校を通じて中学生相談員を募集した。「毎日スマホばか

[写真9]

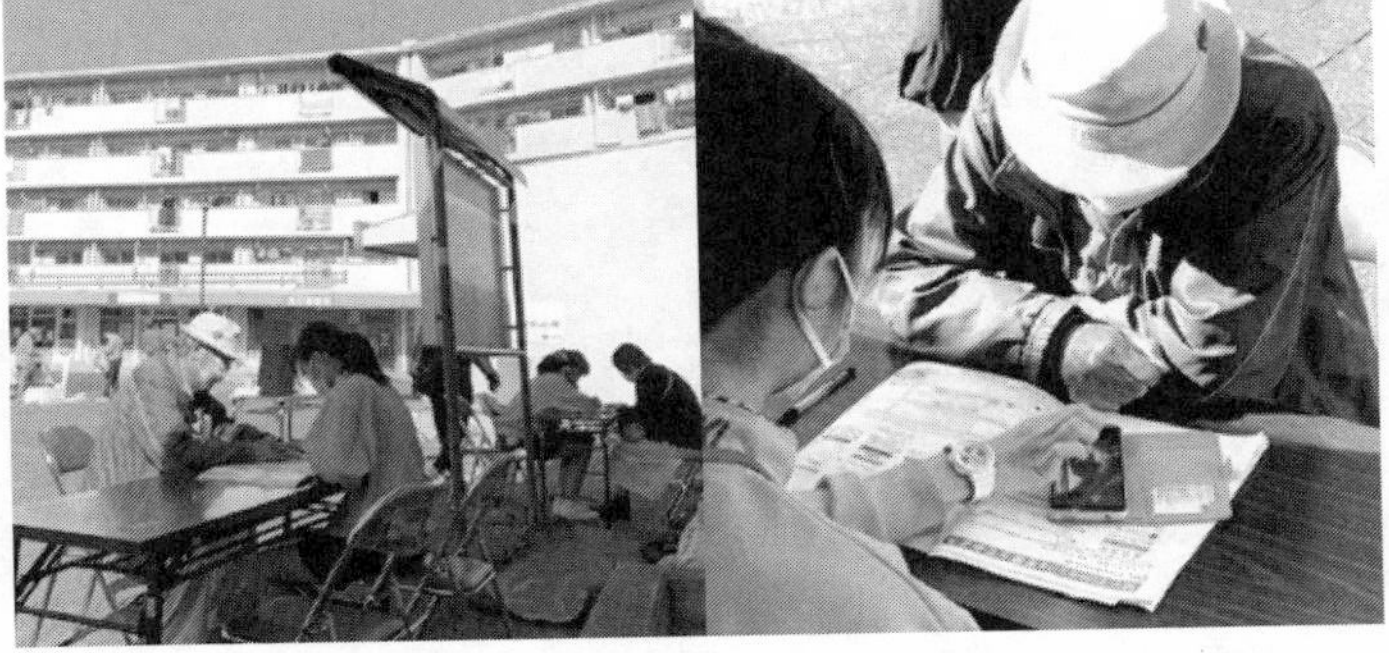

りいじって」と怒られているであろう彼・彼女らに力を貸してもらえないか、と。

実際、多くの子が手を上げてくれた。

「あのね、送られてきた孫の写真がどこかにいってしまってね……」

「えーっとこのボタンを押してみてください～」

「あ、そうか～、これか～、あ、見えた見えた～。よかった～」

見事に問題を解決して「ありがとうね～」という声も聞かれる一方、なかなか問題が解決しない机も。気づいたら一時間以上もやりとりが続いている。

「じゃあ、これはわかりますか？」

「うーん、そこがまたわからんのよ～ごめんねー」

結局、問題が解決せぬままの組も。しかし、よく見ていると問題が解決しようがしまいが、いずれも帰り際には相談者も相談員もみな笑顔で手を振っていた。その様子を見ながら、あらためて人が元気になるには何が必要なのだろうか、と考えた。

以下、子どもたちの感想から。

「自分がわからないことを質問されたときは、大変だったけれど他の人たちの力をかりて、教えることができてよかった」「わからない動作があったため、一緒に考えて、お互いに学べました」「試行錯誤しながら対応するのがすごく楽しかった。思っていたより100倍ボランティアは楽しかった」「天気とか他のことについてもおしゃべりしたり、とても楽しかったです」「よろこんでくれた人がいると自分もよろこびたくなってしまいました」「結局、解決できなかったのに『ありがとう』と何回も言ってくれたおばあちゃんもいました」

この「ありがとう」は、情報を提供してくれたことへの感謝というよりも、むしろ自分の声を聴いてくれた、応えてくれたことへの感謝なのだろう。実際、解決せず悩む時間が長いほど、仲良くなっているようだった。

京都大学教授の広井良典さんは、ケアの本質は「聴くこと」「そばにいること」だとして次のように言う。

「『ケア』ということと『時間』ということは深いところで結びついているように思える。（中略）ケアとはその相手に『時間をあげる』こと、と言ってもよいような面をもっている。あるいは、時間をともに過ごす、ということ自体がひとつのケアである。」（『ケアを問いなおす――〈深層の時間〉と高齢化社会』ちくま新書、1997）

何かができないという事態は、誰かの手を借りることができる（＝誰かと一緒にそれをする）機会でもある。困りごとそのものが不幸なのではなく、少し工夫することで、それはうれしい出会いの時間に変わる可能性を持つ。何かあった時は、「誰と一緒に困るか」を考えるところからはじめたい。

第4章

「新しい」生活様式

コロナ禍をこえて

2020年5月、新型コロナ感染症による最初の緊急事態宣言が明ける時、「新しい生活様式」という言葉が専門家から発せられた。それは、マスクをすること、ソーシャルディスタンスをとることなど、とにかく人と人の距離をとる暮らしを意味していた。しかし、コロナ禍の前から、わたしたちの暮らしはばらばらだった。むしろそのことから、多くの社会問題が生まれていた。もう一度、暮らしを重ねていくにはどうしたらいいのか、私自身の試みと各地の事例を紹介したい。本章の原稿は、一部をのぞき『くらしと教育をつなぐWe』(フェミックス発行)に掲載されたものである。時々刻々と変化するコロナ禍をはさんで連載していたものであり、当時のまま時系列で掲載している。

旅する授業

NPO法人みんなのおうち　東京都新宿区（2019年2月）

いくつかの大学で教員や保育士になる学生対象の授業を担当している。テーマは人が育つ環境。「旅する授業」と称して、さまざまなNPOや支援の現場に出かけている。先日は、外国にルーツをもつ子どもたちの支援を続けている新宿のNPO法人「みんなのおうち」が主催する学習支援の現場におじゃました［写真10］。

教室は、区立施設の会議室で中学生向けは週3日、小学生向けは週2日開かれている。毎回、20人の子どもたちと、多様な大人たちが集い、マンツーマンで、一緒に学び、時に遊ぶ。会社員、主婦、リタイアした男性などさまざまな立場のボランティア数十名が子どもたちの学びに寄り添う。

この日は、見学した学生たちも参加することに。当初戸惑っていた学生たちも、代表の小林普子さんの「大丈夫、家庭で親が勉強を見るように、子どもと一緒に取り組んでくれればいいのです」という説明に励まされ、出身も肌の色も違う子どもたちにそれぞれ懸命に向き合った。学習を終えると日本語の勉強をかねた「ことわざかるた」で子どもたちと大いに盛り上がっていた。

「学校で適切なサポートを受けられず、保護者は夜も働いていて、こういう場がないと、夜のまちに出ていってしまいます」と小林さん。現在の日本の公立学校では、日本語の授業など特別な支援がほとんど用意されていない。その中で日常会話は多少できても、学習の理解となるとかなり厳しい。親たちが十分に日本語ができない場合も多い。経済的な困窮もあり、自宅で学習をする環境がなかったり、中には食生活も満足でない子もいる。小林さんたちは、教室のない日も子どもたちが集えるようにと2年前にマンションを借りて居場所をつくった。日替わりのボランティアさんが食事をつくってくれていて、子どもたちは教室に来る前後に、立ち寄ってお腹を満たしていく。

2018年秋、政府は積極的に外国から労働者を受け入れる方針を示した。しかし、移民＝これからともに暮らす人としてではなく、いつでも都合よく「出ていってくれ」といえる不安定な立場のままに据え置いた。労働者としての権利、社会福祉や教育を受ける権利の保障など、人として尊重される環境は、国籍・ルーツに関係なく国・行政の施策として保障されるべきだ。適切な政策がないままの受け入れは、両者がその出会いを「よいもの」と感じる状況を生まない。反目や排除になりかねない。そして不安定な親の立場はすぐに子に影響する。

[写真10]

他方で、さまざまな境遇の子どもたちと、たくさんの大人たちが直にかかわりを持つ機会が必要だ。それがあってはじめて「外国人」としてひとくくりにするのではなく、「ひとりひとりの人」に見えてくる。草の根のよい出会いの積み重ねが、適切な制度や政策の必要性についての理解・社会的な合意を下支えする。単なる行政の施策の不足の補完ではない、市民の活動としての積極的な価値はここにあるのではないだろうか。

私は、こんな風に学生に問いかけている。

「いわゆる大変な状況の子たちでもあるけれど、それは必ずしも不幸ではないかもしれないよ。『先週、来なかったね。待ってたんだよ〜どうした?』『来週またね』って待っていてくれる（親以外の）人と、子ども時代に出会うことができるのは、とても意味があると私は思う。人は信頼に足りる、ということは体験しないとわからないから。みんなは、子ども時代、そんな大人に出会えていますか？」

現在の日本で普通に暮らし、子育てをするということは、家族単位でがんばり、競争をするということになりがちだ。この教室のような信頼をベースに、家族の枠を超えて、他者とかかわるという経験は、本来、子どもも大人も誰もが必要としているものだ。いわゆる困難も、もし誰かと一緒に困ることができるならば、生きる上で必要な他者への信頼を得ることにつながるだろう。

訪問後、学生がこんな感想を寄せてくれた。「子どもたちは初対面の私にもたくさん話してくれて、とてもよく笑う、明るい印象をもちました。だからこそ、どこかで大変な思いをしているなら、私にできることがあればしたいなと思いました」。

会ってみなくちゃはじまらない。理屈は忘れても、身体が感じた体温は忘れない。その記憶はいつか必要な時に生きてくると信じて、学生と小さな旅を試みている。

PTO

嶺町小学校PTO　東京都品川区（2019年4月）

5年前、娘の小学校のPTAの副会長になった。PTAは私の予想をはるかに超え、まったく「あそび」のない組織だった。「しなければいけない」のみ、「やってみよう」はなし。少しでも変えると同じまちに住む「先輩」を敵にまわすことに。ネット上ではブラック組織としてたびたび炎上し、行政は「加入は任意だという告知」の徹底を求める通知を出した。しかし「6年間に一度は役員を」「負担は公平に」といったPTAの「基本構造」は大半の学校で変わる気配はない。地域にかかわるのはめんどう、という印象を多くの人に与え続けている。いやな思いをした人ほど、やらない人を責める。

そんな残念な構造を根本的に見直した小学校が東京都大田区にある。全校生徒約800人の嶺町小学校。５年前にＰＴＡをＰＴＯ（学校応援団）に改組した。「義務」を一切廃止し、活動のすべてをボランティアを募って実施することを宣言。いわゆるＰＴＡ本部は「ボランティアセンター（ボラセン）」に、会長は「団長」に名称を変更。運動会などの学校行事や町会のお祭りなどの警備もすべてその都度ボランティアを募る。「ＰＴＡ便り」も「ＦＵＮ　ＦＡＮ（楽しむ、ファンになるの意）」と改名し、編集やデザインが好きな保護者が担当してくれるようになった。不評だったベルマーク委員会も一旦廃止し、後にやりたい人でサークルとして復活。よくある「役員ぎめの沈黙」も恐怖の推薦活動ももちろんない。

先日、縁あって嶺町小を訪ね、その運営の秘訣をお聞きする機会を得た。三代目団長の駒井聖賢さんが校門の前で迎えてくれた。案内された部屋の入口には「ボランティアルーム」の看板。ほかの学校ならＰＴＡ会議室にあたる。部屋の壁にはさまざまなポスターが張ってある。ＰＴＯの恒例行事『逃走中』（大鬼ごっこ大会）のポスターには黒サングラスの先生や保護者たちが並ぶ。別のボランティアを呼びかけるポスターには「登録したものの、急に都合があわなくなってもＯＫ」「できたことには『いいね！』できなくても責めない、が合言葉です」と。「『できない』と言える安心感」が伝わってくる。義務をはずすことの最大の意義はここにあるのか〜。

「実は私もそうです。私、団長なのに総会に出られてないんですよ。消防士なもので」と笑う駒井さん。九州出身で、町会やＰＴＯを通じて地域の人たちと出会った。「何かあった時に私は出動です。家族は地域の方にお願いするしかないんですよね」。

全く任意だが現在、全保護者がＰＴＯの会員。うち7割〜8割がサポーターとしてなんらかの活動に加わる。

「今年はできなかったから、来年はやりますねという方もいらっしゃいます。それでいいんです」

他方で、参加を促すたくさんの工夫が重ねられている。たとえば、総会。活動の写真を音楽をつけ動画にして流し「楽しかったね」とふりかえる。終了後には「先生教えて！」という行事を開く。新任の先生を呼んで記者会見風にみんなでインタビューをする。「子どものころの夢は？」「豆腐屋さんになりたかったんです」。「今だから言える小学生の時のいたずらや失敗談は？」「友達と先生の給食をトレーごと取り替えました。先生は気づいていたと思いますが見逃してくれました」など笑いの中で人柄が見えてくる。

運動会の見回りのボランティア募集のチラシは2枚あった[写真11]。1枚目には「１００人募集！」。2枚目には「まだまだ足りません！　あと30人です」と書いてある。「実は20人でもできなくはないのです」と駒井さん。「実際、1人10分ぐらいなので、そんなのでいいの？　と聞かれますが、それがいい

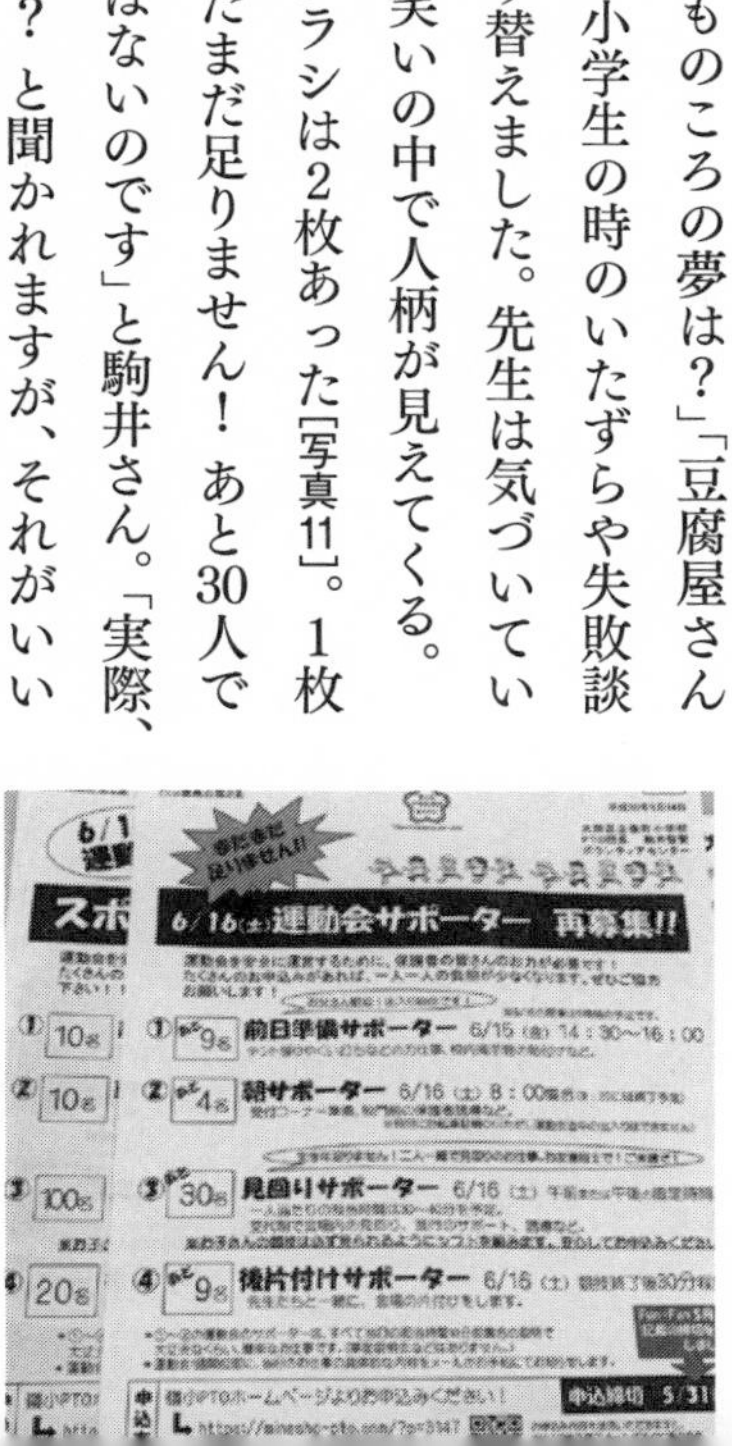

[写真11]

んです。次につながります」。「やらなければいけない警備」は、「みんなでつくる活動の入り口」になっていた。

最後にぜひ聴きたかった質問をした。「ボラセンメンバー（ボランティアを呼びかける側）は継続して集まるのですか？」。駒井さん「増えていますし、交代もしてます。自薦他薦で声をかけあって」。自分が楽しいから友人に声をかけることができる。

「誰もが役にたちたいという気持ちをもっています。それをどう引き出していくかではないでしょうか」と駒井さんはいう。

最近、自治会への加入を促進するという条例をつくる自治体が増えている。行政のお墨付きを背景に自治会が勧誘をしやすくするためだと言う。しかし正しさを強調するのは、やる人やらない人とむしろ住民の分断を生むのではないか。

「今やっている人が楽しい、が先ではないですか」

楽しげなポスターはそう呼びかけているように見えた。

ほっと＠放課後かふぇ　東京都小金井市（2019年8月）

放課後カフェ

「おお、久しぶり、元気にしてた？」

「はい～、飲んでいいですか？」

「どうぞ～。今日はアイスココアだよ～。部活は？」

「これからです～！　いってきます～、終わったらまた来ます～」

ここは小金井市立緑中学校の空き教室。普段は会議室だが、隔週木曜日は出入り自由の無料カフェ『ほっと＠放課後かふぇ』に早変わりする［写真12］。

授業が終わると、次々に生徒がやってくる。部活の前にあわただしく「いっぱいひっかけて」いく子もいれば、ゆっくりテーブルにすわって「人生ゲーム」をしている子たちもいる。その横にはひとりでマンガを読んでいる子も。毎回、１００人近くの生徒が入れ替わり立ち替わりやって来て、思い思いに過ごす。迎えているのは「まちのおじさん」。近くの小学校のおやじの会のメンバーが交代で「マスター」を務め、保護者の有志が手伝う。

この日のマスターは『かふぇ』の言い出しっぺの小林浩さん。

「そろそろ閉店という時間に、部活を終えた生徒が『人生ゲーム』を始めて〝むさぼる〟ように『かふぇ』の時間を味わう、なんていう風景はよく見ます」と小林さん。「受験を控えた3年生が、ここで叫びながら遊んでいる姿を見ると〝自己開放〟する時間が必要なんだと感じます」。以前、保護者経由で聞いたある生徒の言葉が心にのこっている。「学校の中でも外でも家でも、いつも『静かにしなさい』と言われているけど、『かふぇ』では心おきなく友だちと騒げるので楽しみ」。

中学生は忙しい。朝7時半から朝練、授業が終わるとまた部活。その後は、さらに塾や習い事。毎日スケジュールは一杯。友達と約束して会おうにも、誰かの家に集まるわけにもいかない。訪問した日、私とおしゃべりした中学生も、アイスココアを飲みながら「今日は夜9時から塾なんだよね～」と深いため息をついていた。『かふぇ』は友達と過ごす貴重なあそびの時間。

小林さんは都内に勤める会社員。「毎週やりたいけど、そうそう半休とるわけにもいかないし、仲間と交代で、月に2回ぐらいですかね。やめたらみんなのがっかりした顔が浮かぶのでやめられずです」と笑う。小学校で「おやじの会」の活動に出会い、フラットで自由な人との関係に魅力を感じた。『かふぇ』をはじめたのは8年前。当時、中学生だった小林さんの息子さんが同級生からこんな話を聞いた。「公園で話していたら『中学生がたむろしていて怖い』と警察に通報されたり、市立体育館の待ち合わせ室なども追い出された」。それで「じゃあどこで『だべる』の？」と思い、ちょうど、国の「放課後子ども教室」事業に注目して、カフェはどうかと提案した。当初は「何の効果があるんだ？ 学校に甘い飲み物なんて、風紀が乱れる」という声も聞こえてきた。しかし、「麦茶じゃテンション上がりませんし、まずはお試しで…」と継続していくうちにすっかり定着。

『かふぇ』には、先生たちも立ち寄る。この日は、英語の先生がテーブルで生徒たちと楽しそうにおしゃべり。様子を見にきた校長先生に話を聞くと「教室では見られない表情や人間関係を見ることができます。昔はこんな生徒とのおしゃべりの時間がたくさんあったんですけどね～」。

気づくと制服姿の高校生の姿も。聞くと、この春卒業したばかりという。「近くを通りがかったので、『かふぇ』やってるかなと思って」。すぐに「高校はどう？」と話の輪が広がった。

「まちで子どもたちに声をかけられると、自分にも『地域のおっちゃん』としての居場所があるという気がするんですよね」と小林さん。

スタッフのあるお母さんは、親の介護や娘の不登校などもあり一時期遠ざかっていたが「ここに来て、中学生とやりとりしていたら、とても幸せな気持ちになった。時たま来てしあわせを実感したい」と「復帰」したそうだ。

まちでおじさんが中学生に声をかけようものなら、即、通報される時代。学校、塾、習い事……子どもたちは、「子どもに何かの価値を付加すること」を有料で請け負った大人たちに囲まれて過ごす。そこには必ず成果・評価がついてまわる。気づかぬうちに子どもも大人も息が詰まってしまう。「ただそばにいること」は、いま、とてもむずかしい。でも、それがやはり必要だと、『かふぇ』に集う人々のおだやかな表情や絶えないおしゃべりの声は語って

[写真 12]

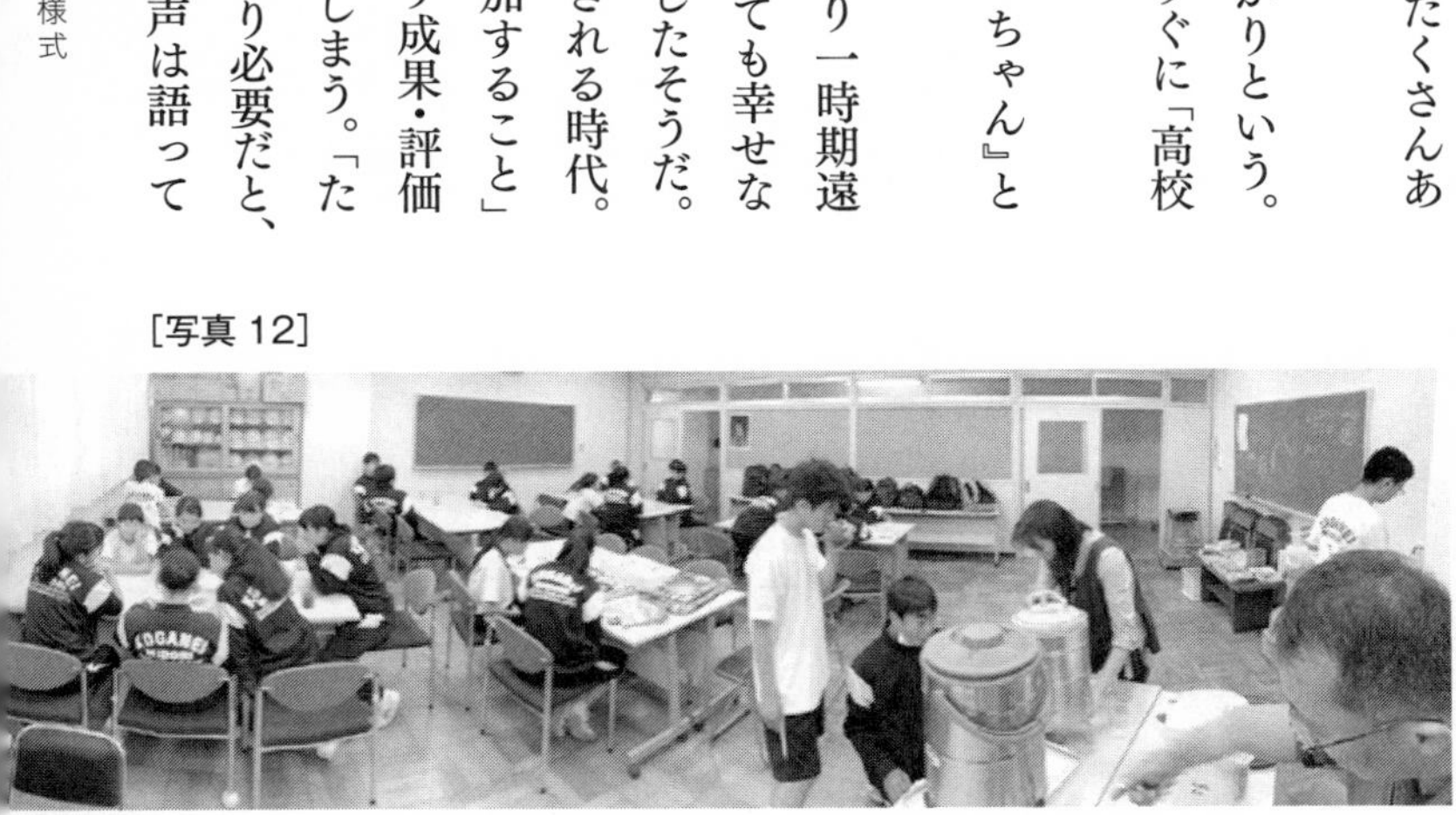

いるように聞こえた。
この春から、私も娘の通う中学校の学校運営協議会（コミュニティ・スクール）の委員になった。思わずふーっと息が抜ける時間の提案をしていこう。

旅の醍醐味は道中にあり

（2019年12月）

コロナ禍の直前（2019年末）、当時世田谷の三軒茶屋で開催されていた『プレーバック・プレーパーク』展に出かけた。1970年代のおわり、日本で最初に「冒険遊び場・プレーパーク」が生まれた世田谷での市民の試行錯誤を当時の資料、映像、写真でふりかえる展示だった。

羽根木プレーパーク（1979年にできた日本で最初の常設の遊び場）の「前史」（開設の前の数年間の試行の期間）に多くの展示スペースが割かれていた。手書きの機関紙、規約、会議ノートなど、当時の貴重そして少しマニアックな資料が並べられていた。バザーでどんな食べ物をつくって、資金稼ぎをするかの会議のメモがきのノートなどが展示されていた。「未知の世界」に飛び込んでいった大人たちの試行錯誤の記録。

「やろう！」

「よっしゃ！」

「えー〜」

「なんで〜」

「どうする？」

「それはちがうでしょ」

「いやこうしたらどう？」

「それいいね！　だったら、これはどう？」

そんな声がいまにも聞こえてきそうだった。やはりプレーパークづくりは、大人の冒険だったんだ……。

創設の中心メンバーのお一人、大村璋子さんが当時寄稿した『暮しの手帖』の実物も展示されていた。それで、そのページのタイトルは「私たちの冒険」となっていた。物事は、はじまりの時がもっとも遊びになりやすいものだ。

あまりにも楽しそうな展示を見ながら、「もしかして、仮に開設がうまくいかなかったとしてもそれはそれでもよかったのではないか」とすら思えた。極端にいえば、開設までのプロセスの中に、すでに得たかったものを得ていたのではないか、と（もちろん開設できてよかったのだし、それがなければこの40年後の展示もないわけだが）。

と。

ゴールを決めることで、プロセスが生まれる。

そのプロセスの中に〈遊ぶ〉が潜在していて、時に顔を出す。そういうことなのではないだろうか、と。

旅の醍醐味は道中にあり、とでも言おうか。

よく若者に対して「夢を持て」などと言うが、あれはおそらくそうすることで、「道中」が生まれる、ということなのではないだろうか（あるいは、「道中」が生まれるにすぎない、とあえて言おう）。そう考えると、「結果が出る」＝夢が叶うことは必須とはいえない。そもそも叶うとは限らないものだ。しかし、最初から叶わなくてもよいとなると、「道中」は生まれない。どうしてもなにかを叶えたい、やってみたいと思うからそれは生まれる。

他方で、ゴール＝結果しか評価されないとなると、その道中は何をしてもよいということになる。どうしても現場にいない人の評価は、目に見える結果にいきがちだ。その典型例が、部活だろう。「指示通り動け！」という監督のどなり声、しごき、意味の不明なルール、上下関係などが、結果さえ示しておけばという考えのもとに、許容されていく。保障されなければいけない人権が危うくなる。本来、ＰＬＡＹ（遊び）だったスポーツは、別のものに変質してしまう。スポーツ本来の魅力は、なによりもまず自分の身体を動かすことによって得られる心地よさだろう。そして自分自身の身体の未知の領域との出会い。さらに、他者の身体と出会い、シンクロすることの気持ちよさ(ずれることのおもしろさ)……丁寧に掘り下げれば無限のおもしろさがある。人に共通する普遍的な心地よさと、つまりは自分を大切にしながら、他者との関係を紡ぐこと……。それが、単なる試合の結果や数値至上主義でごっそりと削られてしまう。他者が決めたルールやり方、指示に過剰に反応することが正しいこととされ、結果自分自身の身体とも、他者とも出会えずに子ども時代を終えてしまう。そんな子のなんと多いことか。試合までのプロセスに、日々の練習に、安心(心理的安全性)はあるだろうか、そして適切な工夫の余地はあるだろうか。その時間が、その子にとって遊びになっているだろうか。

「羽根木」は、その後40年、全国のプレーパークをつくりたいという人々の目標＝いわば「完成形」として人々に具体的にイメージを与えてきてくれた場所だった。目標となるイメージを共有することは、たくさんの人々が力をあわせる上で不可欠な要素だ。その意味で「羽根木」が40年間に果たした役割はとてもとても大きく、その価値は小さな展示場におさまるものではない。けれど、ゴール、すなわち、完成形として扱われることを一番いやがるのも、この羽根木をつくった人たちなのではないか、とも思う。「遊びはメニューではないよ」「自分でやってみたら?そしたら、きっと、これじゃないものができるかもよ」「とにかく、はじめるとおもしろいことがあるかもよ」と。

そして「40年、私たちは、いつもはじまりだったんだよ」と。

冒険遊び場は、決して完成しない遊び場だと言われている。つまりは、「前」も「後」もなく、あるのは、「今」だ、と。

人生は、終わりまで「今」の連続。つまりは道中。どこに向かうかもだいじだが、だれとどう過ごすかということでもある。その人生のはじまりの時期である子ども時代に、道中を楽しむということの経験を保障してあげたい。大人は、やらせたり、やってあげたりという邪魔をしないで、可能な限り、見守りたい。醍醐味である道中を奪ってはいけない。

以前、保育所の所長をしている友人が教えてくれた言葉を思い出す。

「たしかに外で毎日遊べば、体力はつきます。

でも、忘れてはいけないのは、

子どもは、体力をつけるために遊んでるんじゃない、ということ。

遊ぶためには、体力がいることはあってもね（笑）」

（元わらしべの里共同保育所所長・長谷川佳代子さん）

子どもは大人になるために今日を生きているのではない。その視点で、子どもの環境を見直すことができないだろうか。今日の安心を保障することからはじめたい。

もちより音楽ｃａｆｅ

戸倉公民館　長野県千曲市（２０２０年２月）

「このレコードは、私が働き出した頃に給料を工面して買いました。でも当時は、忙しくて聞くひまがなくて。退職後また聞くようになったんです」

白髪の男性が、恥ずかしそうにスタッフにレコードを渡す。かかった曲は、ＹＭＯの『テクノポリス』。曲が流れ始めると、「ああ、この歌か。懐かしいねえ」と隣の人と話す人、ただただ耳を傾ける人……。カラオケのように無理に全体で盛り上がることもなく、参加者の反応はそれぞれ。しかし不思議にそれが心地よい。

ここは長野県千曲市にある戸倉公民館の多目的室。この夜は「音楽ｃａｆｅ」というイベント。ルールは、参加者が自分のとっておきのレコードやＣＤを持ち寄る、というもの。皆、押し入れに眠っていた秘蔵の一枚を持参。参加者は名前を呼ばれると前に出て、「私の一曲」を紹介する。そしてみんなで耳を傾ける。

「公民館としてはめずらしく、男性がたくさん集まるイベントがある」と聞いて冬の長野を訪ねた。会場の扉をあけると、正面には本格的なスピーカー、レコードプレーヤーと音楽用のアンプを備えた「ＤＪブース」。30人の参加者のほぼ全員が高齢男性。みなちょっと硬い表情で座っている。大丈夫かな…と心配したのは、最初だけ。次々にかかる誰かの「この一曲」に耳を傾けていくうちにみるみる表情はほぐれ、部屋は温まっていった。

様々な音楽がノンストップで流れること3時間。まさにごった煮。コニー・フランシス『バケーション』の次の曲はテレサ・テンの『空港』、その次はビートルズの『バックインザＵＳＳＲ』、『星影のワルツ』、朱里エイコ……なんでもあり[写真13]。「倍賞千恵子の『さようならはダンスのあとに』です。54年前、レコード屋で３５０円で買ったものです」「7年前リバプールで買ったビートルズの『ラブ・ミー・ドゥ』です」。「『津軽海峡冬景色』です。掃除してたら出てきて。彼女、まだ10代だったんですよね」少し色あせたレコードジャケットにあどけなさが残る石川さゆりが、微笑んでいた。

中には、誰とも話すことなく黙々と聞いているだけの人も。面白いのかな？ と隣に座って話しかけてみると「若い頃聞いた歌を聞くとね、元気出てくるんだよね」とニッコリ。「ここは、いろんな音楽が聞けていいね。ネットもそうだけど、意識しないと自分の好きな歌だけ聞くって感じになるよね」。隣の男性に「当時、音楽を何で聞いていたのですか？」と聞いてみると「あの頃は、街のあちこちに歌が流れていたよね。商店街や、パチンコ屋さんとかね」と会話が弾んだ。

「公民館は女性中心になりがち。でもここは、普段、公民館には来ないような男性も来てくれるんです」とうれしそうに話すのは、ＤＪも担当する北村勝則館長。男性に限定していないが、毎回、ほぼ男性。「誰に気兼ねすることなく『俺が聞きたい』と思った音楽をかけていいんですよ」

と参加者に呼びかける。その声がやさしい。誰にも否定されることはないという安心感が、参加者の気持ちをゆるめ「じゃあ私も一曲」となる（ちなみに館長自ら俳優の原田芳雄の誰も知らないであろうマイナーな曲をかけて悦に入っていた）。

せっかくだからと私もお時間をいただいた。

「3月に亡くなった私の父は、36歳の時、事故で脊髄を損傷し3年間入院していました。3人の子どもを抱え、お先真っ暗。でもいろんな人に助けられて、滋賀県で初めての車椅子の県職員として復職できました。昭和56年のことです。で、その年の暮れ、職場に復帰後の初めての忘年会のために父がその年の流行歌を練習していました。私たち家族にとってはようやく明るい兆しが見えた頃でした。この歌を聞くと、あの時の練習している父や、ほっとした家の空気を思い出します。都はるみ『北の宿から』です。一緒に聞いてください」

チャララ〜ラララ〜♪と、おなじみのサックスの前奏が始まると、涙ぐんで聞いてくださる方も。あとで「いい歌を聞かせてもらったよ」と声をかけられた。

「公民館の予算は減る一方。でもお金がないからこそできることもあるか

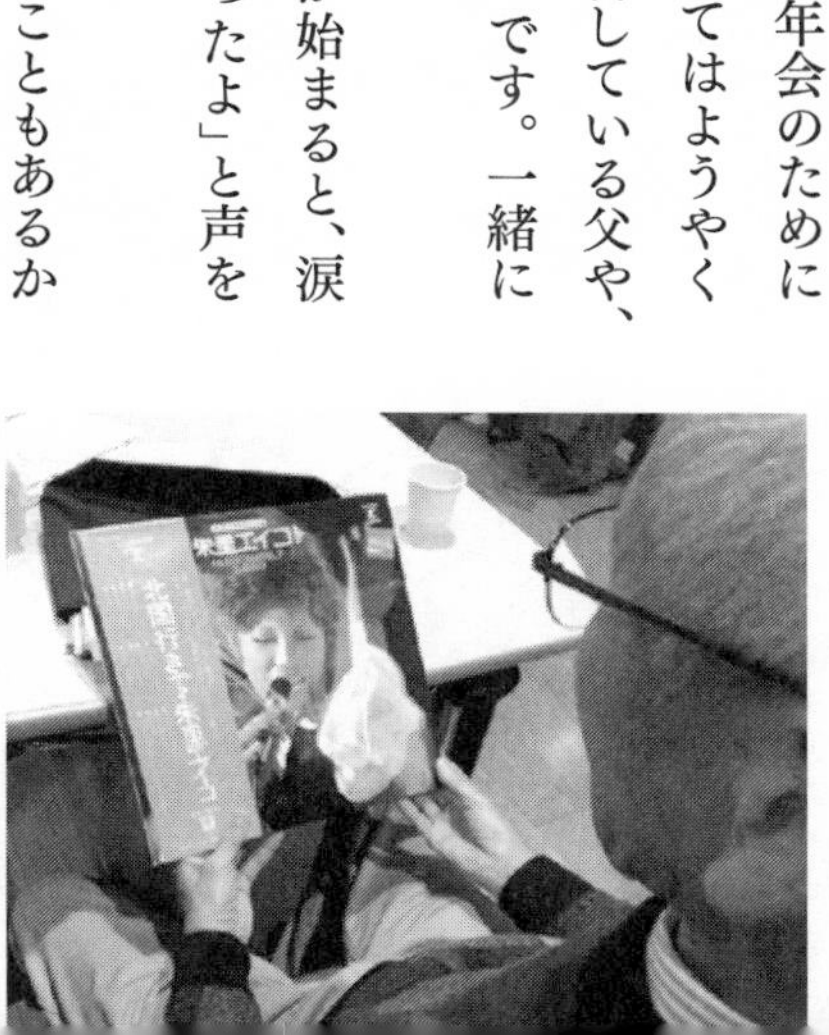
[写真13]

なと。高いお金を出して、有名人に来てもらうという発想は、本来の社会教育じゃないですよね」と北村館長。

自分の好きな一曲に、一緒に耳を傾けてくれる。人生のだいじな一コマに、「そうだったんですね。お互い、ここまでよくやってきましたね」とねぎらうかのように。それは明日へのエールにもなる。

高齢化率50％を超えたうちの団地でも、いつかぜひやってみたい。

中学校の赤ちゃん

子育てひろば　ひまわり　京都府舞鶴市（2020年2月）

中学校で定期的に子育てひろばを開いているグループがあると聞いて、京都府舞鶴市に出かけた。市立城北中学校の玄関に着くと、ちょうどよちよち歩きの赤ちゃんとお母さんがやって来た。玄関には「おでかけ　ひまわりin城北中学校」の看板。赤ちゃんがよいしょよいしょと階段を上がっていく。あとに続いて2階の視聴覚室に入ると、十数組の親子がお昼ごはんを広げていた。赤ちゃんの甘い匂いが充満している。入り口には透明のビニールのカーテン。中が見えるように工夫されている。

休み時間のチャイムと同時に、制服姿の生徒たちが次々にやって来た。男子が圧倒的に多い。

手を消毒すると、早速そばにいた赤ちゃんに笑いかけ、手をひろげて、「おいで～」と声をかけ、優しく抱き上げている[写真14]。赤ちゃんのひとつひとつのしぐさに(声変わりしつつある)男子の歓声があがる。慣れたもので、抱っこされて寝てしまう赤ちゃんもいる。「おにいちゃん、読んで～」と絵本をもって来る子も。普段、子育てに悩む母親たちもここでは、地域の子育ての先輩として、ちょっと余裕の表情で、女子とおしゃべり。

このなんとも幸せな風景は、休み時間が終わるまで続いた。

「中学生と赤ちゃんとの、かけひきなしのまっすぐな心のやり取りに、毎回、心が〝浄化〟されます」と笑うのは、主催する「ひまわり」の代表・谷口英子さん。毎月1回、中学校に通いはじめて1年半になる。毎回50人以上の中学生が自由にやって来る。「回を重ねたことで、○○ちゃんと名前を呼んで、話しかけてくれるようになりました。それを見たお母さんもスタッフもキュンとなるんですよね」

谷口さんは、保育士養成課程もある福祉系の大学を卒業したが「子どもは苦手。お遊戯とかありえない(笑)」と高校の先生になった。その後、自分が親になった時、自分よりもっと子育てが苦手そうな親たちに出会った。「み

[写真14]

んなの中でゆるやかに関わりをもって子育てができたらいいなと思っていたんです。でもそれは意識的につくらないと難しい、とも……」。15年前、3人目の子どもが生まれてすぐ、ひろばの活動をはじめた。現在「ひまわり」は『西市民プラザ』を拠点としつつ、中学校のほか、保育園や助産院、老人ホーム、公園と、まちのあちこちで定期的に「おでかけ」している。きっかけは、ある補助金を受けた時に審査員から「地域の中に出かけてみたら」と助言されたこと。ためしに近所のお寺で開催してみると「近所だったから」「初めて外出できた」という親子に出会えた。

「私たちが『おでかけ』すると、そこがお母さんたちにとって『子育ての社会資源』になっていくのだということがわかったんです」と谷口さん。「2人目を妊娠中の母さんが、つわりで出かけるのもつらくなり『こんなんで2人の子育てができるんだろうか』と落ち込んでいたんです。でも、ひろばで1人目の子が中学生とうれしそうにやりとりしている姿を見て、『こんなふうに人とかかわれるなら、なんとかやっていけるかな、と思えた』と話してくれました」。

家庭科の特別授業などで赤ちゃんが学校を訪問する活動は、いま全国でひろがりつつある。しかし、ひまわりのように、定期的に中学校でサロンを開いている例は、まだほとんどない。

「普通の日常の中に、おたがいの姿を映しこむ。そんな交流の場がつくりたいのです」と谷口さんは言う。

一昨年、講師をしている大学で「児童学科で学べば、お母さんになれると思って入学しました」

という学生に出会った。〝いよいよここまで来たか〟と思った。かつて、子どもは日常の中で「育つ」ものだった。赤ちゃんとのつきあい方も、見て、まねて、慣れていくものだった。ところがこの半世紀、(母親以外の)日常から赤ちゃんは消えた。子どもは「育てる/育てられる」ものとなり、人は常に「教える/教えられる」という関係の中で生きることになった。その結果、いつも正解が気になる=評価の目線を内面化した子どもを量産し、やがてその子どもは親になった。現代の生きづらさ=緊張はそこから生まれている。いま、はじめて抱っこした赤ちゃんが自分の子どもだという人は、7割にのぼる。

赤ちゃんは人を立場や成績で見ない。誰しも赤ちゃんの前では心を開く。「不思議とどの生徒も教えなくても大事なものを包みこむように赤ちゃんを抱っこできます」と谷口さん。満面の笑みで赤ちゃんを抱く坊主頭の男子中学生の姿に、思わず頬をゆるめるお母さん。こんな場面を暮らしの中にそっと埋めこんでいきたい。

(2020年6月)

翔んでさいたマスク

2020年4月初旬、自宅でパソコンの画面を見ながら悶々としていた。

「不要不急」という言葉を毎日聞いていると、自分が不要不急の存在のような気がしてくる。

そういえば、民生委員をしていた時、団地の一人暮らしのおばちゃんたちもよく「私なんて生きてても しょうがない」などと言っていたことを思い出す。

ウイルスは目に見えない。「見えないことから生じる困難」は、3・11(福島第一原発事故による放射能の拡散)の時に一度、経験した。放射能に対する判断が人によって違い、それが人々を分断した。私も広域避難者支援に関わってきたが、「避難(帰還)する/しない」というひとりひとりの決断の違いを認め、尊重することは最も重要で、かつ難しいことだった。それでもあの時はとにかく集まることでしのいだ。避難者の支援とは「散り散りになった方に連絡をとって、つなぐこと」だった。集まることは人が生きる力の源泉だった。

今回は、それもできない。孤立は不安を生み、買い占めや感染者の差別などに人を走らせる。でも、人とつながりたい、何かしたいと思っている人は、私だけではないはず。その気持ちを目に見えるかたちにできないかと思案している時、友人から「自宅でマスクを作っている人に、もう一枚作って贈ってもらう活動がある」と聞き、これならできるかもしれないと思った。しかし、マスクは感染防止に効果がないという意見もあり、さらに米国のように一日何千人も亡くなるような深刻な事態となれば、活動そのものが不要不急の扱いになるかもしれない……とさらに数日間、逡巡し、何度も仲間と相談した。そして、やはり「こんな時だからこそ『隣にいるよ』という想いを、目に見える形で確認していけるようにしよう」と実施を決めた。

名付けて『翔んでさいたマスクプロジェクト』。キャッチコピーは「飛沫を飛ばさず、想いを翔ばす」。開始当初は、知り合い以外に反応はなく不安だった。が、10日ほど経つと、見知らぬ方から次々に手作りマスクが送られてきた（潜伏期間だったのか！）。ひとつひとつ丁寧に縫われたマスクは模様も形も縫い方も、みな違う。どれも素敵なものだった。「高校の養護教員をしています、いま学校が休みなので子どもと作りました」「学生です。少しでも何かできないかと思い作りました。早く収束しますように」「手を動かしていたほうが落ち着きます」などあたたかいメッセージも届いた。団地のおばちゃんたちも縫ってくれ、３００枚以上の手作りマスクが集まり、埼玉県内各地のフードパントリー（生活困窮世帯への物資の支援のボランティア活動）にて配布させていただいた。最終的には全国から４０００枚以上のマスクをいただくことになった。

さて、これまで「不要不急（しかし長い目で見ると人の幸せには必要）の時間」にこだわってきた私。単にマスクを贈るだけでは納得できぬ、意地でも遊ぶぞ（笑）、とさらなる不要不急活動を企画した。題して〈Ｚｏｏｍでちくちくタイム〉。オンラインで手を動かしながら、おしゃべりしてみようという試

[写真15]

み[写真15]。

この日の「先生」は、はるか昔、私が家庭科の教員免許を取得した時に私の教育実習を担当してくださったI先生。

参加者は、学生からシニアまで総勢20人。オンラインらしく遠くは浜松からも。とはいえ全員不慣れ。皆が画面にそろうまでに30分。しかしいざ、はじまると、ちくちく動いている小窓がパソコン画面いっぱいに広がり、ちょっと可笑しい。みな慣れない手付き。針を持つのが中学校の家庭科以来という人も。しかし、さすがI先生。画面の参加者に向かって要点を説明しつつ、時折、適度におしゃべりを加えてくださり、なごやかに進行。参加者からもそれぞれ近況などを紹介してもらいながらの2時間半。しゃべる人、耳を傾ける人、それぞれ。できたマスクを見せ健闘を称え合って終了。

オンラインは、全員が正面を向いているので、ちょっと圧迫感がある。手作業があると、目線は下におりて、耳を傾けているので、かえって「居やすい」。そして同じ作業をしているので、「一緒にいる」感がある。オンラインの場のつくり方でポイントになるさまざまなことに気づいた。

作業をしながら「○○さん、プレーパークってどんな場所ですか？」「△△さん、大学はどんな状況ですか？」と進行役がふると、それぞれ手をとめて、顔をあげお話をしてくれる。他の方は、黙々と作業しながら、うなずきつつ耳を傾けてくれた。

哲学者の鷲田清一は、著書『語りきれないこと　危機と傷みの哲学』(角川ｏｎｅテーマ21)に次のように書いている。東日本大震災で大きな被害をうけた三陸の人々は長い間、普段の暮らしの中で「傍らにいて、何かしながら」、お互いに時間を与えあってきた、と。漁の網を直しながら、互いの話を聞きあってきたのだ、と。

ちくちくタイムと少し重なるような気がした。

参加者からはこんな感想が寄せられた。

「完璧を目指してないところが(↑褒め言葉です)居心地よくて、私もマイペースでやらせてもらいました」

「みんなが『せんせーい!』と聞けるのがいいな、と思いました。ゆるゆると安心できる時間だなーと思いました」

「とても貴重な体験でした! 企画を見て『やってみよう』と思えたこと、気持ちの変化を感じられたことは貴重でした。つながり方のきっかけも色々あるんだなと」

一緒に居る・ともに動く・互いの違いを味わう。そうしてできる関係性を通じて「やってみよう」という気持ちが伝染していく。コロナの前も後もそれは変わらない。今必要な、今しかできない「ともに」を模索していきたい。

オンラインよりあい

よりあい＊ええげえし　埼玉県坂戸市（２０２０年12月）

コロナ禍で、再開がもっとも難しいのが高齢者のサロンやサークル活動。私の住む団地でも、２０２０年3月末から再開できていなかった。リモートは高齢者にはきびしい。さてどうしたものかと思案中のところ「毎週、オンラインで〝よりあい〟をひらいている高齢者のグループがある」と聞いて、早速連絡をとってみた。埼玉県坂戸市のボランティアグループ『よりあい＊ええげえし』。事務局長の須田正子さんからの返信は「大歓迎です！　ぜひご参加ください！」。いきなり参加でいいのかな？　と思いつつ、次の月曜日の朝10時、どきどきしながら、指定されたＵＲＬをクリック……ＺＯＯＭのマス目の画面に20数名の高齢男女が縦横にずらっと並んで「壮観」な光景［写真16］。平均年齢77・2歳。最高齢は87歳。まずは近況報告。

「おはようございます。◯◯です。週末ひさしぶりに街にでかけたら、たくさんの人で驚きました。では次に□□さんどうぞ」

「□□です。畑のだいこん20センチになってしまいました。昨日、あわててうるぬき（「間引く」の方言）ました。西川さんようこそ！　では次△△さん、お願いします」

１週間の間に起こったこと、感じたことを話し、次の人を指名。指名された人は、「私のニュース」を紹介し、また次の人へ。指名されて音声の〈ミュート〉をはずすしぐさも手慣れたもの。

誰かが話している時は、他の人はうなずきつつじっと耳を傾けている。「ZOOMをつないでたら、高校生の孫に、おじいちゃんすごいと言われました（笑）」

「自分がでかけるのはまだちょっと控えています。だからこの時間が1週間で一番の楽しみです」

うれしかったこと、気になったこと、様々な話題が順繰りに紹介され、穏やかな語りと笑いの時間がつづく。「西川さん、感想を」と聞かれたので、「高齢のみなさんがこんなに普通にオンラインで交流しているなんて…失礼ながら……〈奇跡の風景〉ですねえ」と答えると、どっと笑い声がはじけた。

オンラインなのにこのおだやかな空気は一体、どこから生まれてくるのか。よりあいの終了後、須田さんにお話を聞いた。

『ええげえし』は、2001年、市の高齢者施策について学ぶ会をきっかけに発足した。以来定例の毎週月曜日の「よりあいの会」をはじめ、希望者が集まって、マイケアプランやパソコンなどの学習、健康吹き矢やお茶会など多彩な活動を広げてきた。地域のイベントやボランティアにも会として参加している。「ええげえし」とは、秩父地方の言葉で、助け合いのこと。「相

[写真 16]

返し」と書く。「高齢になっても、閉じこもらず、楽しくよりあって、地域で元気に出会い、お互いを支え合いたい」という想いがこめられている。

この春、緊急事態宣言で活動が休止。しかし、日頃からパソコンでやりとりしていたこともあり、オンラインにも挑戦できるのでは、とひとりひとり連絡をとってつないでいった。

「高齢者は一度失敗すると『迷惑かけたからもういいや』となって、遠のいてしまいがちです。だから『できなくてあたり前、迷惑かけても大丈夫。あなたが失敗してくれたから、私も学べましたよ』と声を掛けます。これはコロナ禍の前からですが」と須田さん。

今回、「西川さん、はじめまして」と何人もの方が画面越しに声をかけてくださった。地域の活動の中では「いつも同じ人と話している」「関係ができあがっていて、新しい人は入りにくい」というような声をよく耳にする。

『ええげえし』では、どんな集まりでも会のはじまりには、必ず全員が輪になってすわり、一言近況報告をする。その日の活動の終わりには、また輪になって一言ずつ話す。

「『どこどこに住んでいる誰々です』の一言でもいいんです。私はここにいるよ、と言ってもらうこと。それを、みんなで受け止めることからなんです」

会の活動が長い人も、今日はじめての人も、対等に、みんなで場がつくれるようにと、さまざまな工夫を重ねてきた。お茶会などの活動も、してあげる人と、してもらう人にならないよう、スタッフも参加者も全員同じプログラムを楽しみ、ひとことずつ語る。

「オンラインでよりあい」って？　という興味で参加させてもらったが、学んだことは、人がよりあうことの意味と、そのつくり方だった。それは、オンラインであろうとリアルであろうと同じだ、とも。

コロナ禍で私たちが失くしたものは、毎日を支えていた他愛のないおしゃべり。どんなかたちでも取り戻していきたい。できればそれを、誰にでも開かれたかたちで。

よりあい＊ええげえしのFacebookページ　https://www.facebook.com/Yoriaieegeesi

お茶くじ

上町しぜんの国保育園　東京都世田谷区（2021年4月）

理事をしているNPO法人が運営する学童保育で、先日、複数の児童が新型コロナの陽性になった。後日、学童の保護者より匿名でこんな声が寄せられた。「学童に通っていることで、肩身の狭い思いをしている。法人としてどう考えているのか」と。私たちがどのような場をつくっていきたいかが改めて問われていると感じた。みなで相談し、返答を書いた。「感染症は、人と人の関係を切っていく性質をもっています。感染した方も、していない方も、ともに生きている仲間として、支え合ってこの難局を乗り切っていけたらと心から願っています。誰もが居やすい学童を一緒につくっていきましょう」

返答の原案を書きつつ思い出していたのは、上町しぜんの国保育園(東京都世田谷区)園長の青山誠さんの言葉だった。2020年春、緊急事態宣言が出される直前、区からの登園自粛の要請を受けて青山さんは保護者に手紙を書いた。タイトルは『どうぞ家にいてください』or『どうぞ園に来てください』どっちでもいいよ」。「働きに出ざるを得ない、子どもは愛おしいけれどずっと一緒はしんどい。こういうことのためにも園はあります。(中略)どうぞ保育園をフル活用してください」と。一方で、園の現状、限界も正直に伝え、「不安な時は一緒に揺れましょう」「お願いすることも増えるかもしれません。無理な時は無理だと言ってください。(中略)こちらも難しいことは難しいと言います。目の前の子を守る、自分たちの意思や判断で、またコミュニケーションしながら守る。守りましょう」

保護者は「すごく納得してくれた」という。その後、区は閉園を要請。その時のくやしさを、青山さんは、雑誌に「保育園にできること」としてこんな風に語っている(『発達』164号)。

「話したこともなかった人同士が、おいしいねと言い合いながらご飯を食べ、横になって手をつないで眠る。疲れた夕方に、おかえりなさいと親たちを迎えてあげること。子どもたちと歩きながらなんてことのない坂道や路地や草っぱらを遊び場に変えること。ケンカになっても(中略)涙の理由にも静かに寄り添ってもらえること。煩わしいなと思っていた我が子に、夕方また会えたときに愛おしく思ってもらえること。(中略)保育ができない保育者に何ができるだろう。それをみんなで考えたい」

閉園の間、園を親子の散歩の拠点にできるようにポップコーンの屋台を出したり、手紙のやりとりができるように専用ポストを設置したりした。コロナ禍のやりとりを経て、保護者との距離はむしろ一気に近くなったそうだ。

「保育園は何かを『する』というより、まずは『いる』場です」と青山さんは言う。そして、誰も排除せずみんなが居心地よく「いる」ためにはいろんな人がぐちゃぐちゃまざっている方がいい、と。園では月に1回、「いどばた」という夕食会を開いてきた。食べ物は保護者が持参。コンビニ弁当でもなんでもOK。園はスープを出し、みなでちゃぶ台を囲んできた。コロナ禍の現在は、保護者の有志が主体となって様々な交流が実施されている。

昨秋、私も園をたずねた。「こんにちは」と迎えてくれる。でも、誰が保護者で誰が保育者かわからない。エプロンなどもない。青山さんに理由を聞くと「仲良くなればわかりますから」とにっこり。服装も、ひとりひとりが考えればいいことだ、と。マスクも同じ。小さい子の育ちを優先し、基本マ

[写真17]

スクはしない。でもしている人もいる。まずひとりひとりが考える。迷えば、話し合う。「もやもやしているのがむしろいい」と青山さんは表現する。

保育も同じ。ひとりひとりの子どもを人として尊重すること。そうでない対応には、指摘する。たとえば、掃除機をかけるのに赤ちゃんをだまって動かしたりすると「モノ扱いするな」としかる。いわゆる園行事はほぼない。ただし子どもがやりたいことはどうやったら実現できるか一緒に考える。

帰りがけ、園の玄関に〝お茶くじ〟という名の箱が[写真17]。「今日はくたびれたなぁというときに」との説明書き。中には紅茶のパックと「おつかれ!」「だいじょうぶ」「うん今日は寝よう」などと書かれたメッセージが入った小袋が入っていて「くじ」になっている。「一緒にいるよということなんです」と青山さん。コロナ対応で注目される台湾のIT大臣オードリータンさんの言葉「Humor over Rumor《笑いは噂に勝る》」を思い出した。国民は正確な情報を伝え、ともに考えるパートナー。

コロナ後、少しでも生きやすい社会にできるかどうか、今が問われている。

大人の悩み相談室

田無一中@放課後カフェ　東京都西東京市(2021年6月)

【相談1】「夫が地下アイドルにはまってしまっています。どうしたらいいでしょうか（50代女性）」

〈回答①〉「夫さんがオフ会から帰ってきた時に、玄関でコスプレをしてお出迎えをしたらどうでしょう！」。

〈回答②〉「アイドルを一度好きになるとやめられないものです。私もK－POPオタクです。だんなさんの気持ちがよくわかります。誰かを好きになってみては」

【相談2】「息子からババアと言われてショックを受けています。どうしてそんなこと言うんでしょうか（40代女性）」。

〈回答①〉「ただの反抗期だと思います。そのうちなおると思うので、ネチネチ小言を言わないように、ほっといてあげるといいと思います」

〈回答②〉「ババア＝本当は好きだけどっていう意味なんです！」

この〝人生相談〟、「回答」は中学生が書いたもの［写真18］。「相談」は保護者と先生から。大人の悩みに中学生が答える『大人の悩み相談室』。企画したのは西東京市の『（田無）一中＠放課後カフェ』のメンバー。

5年前から隔月で、地元の中学校で中学生の居場所として飲料やトランプなどのゲーム、漫画などが楽しめる「放課後カフェ」をボランティアで開いてきた。カフェは、地域のおばさん・おじさん、先生、中学生が立場を越えて（仮面を脱いで）、ほっとできる交流のひとときとして定着していた。このカフェをつづけてきた理由を代表の古林美香さんはこんなふうに語る。「いまの中学生には〝放課後〟がないんです。塾でも家でも部活でも、いつも『指示』されています。だから、何を言っても否定されない場が必要なのではないかと。少しでもそういう時間があったら、毎日の景色が違って見えてくるんじゃないかなと思うのです」。カフェの活動は市内7つの中学校に広がった。

しかし、コロナ禍ですべて休止。古林さんたちも消毒や学習支援などで学校に関わりつつも、カフェは再開できなかった。「1年生とは1年間何もできていない。3年生は卒業してしまう。生徒たちと何かできないかとひねりだしたのが、この『相談室』でした」。

3月はじめ、企画書を書いて学校に提案。副校長は「これまでカフェを通じて中学生の居場所活動をしてくれていたみなさんの熱意を受け取りました、忙しい時期ですがやってみましょう」と快諾。先生にも悩みを募ってくれ、保護者からのものと合わせ18個の「大人のお悩み」を廊下に掲示。回答箱を置き、チラシを貼ってくれた。

【このコロナ禍で、大人も困ってしまったことがたくさんありました。大人の大きな悩み、小さな悩み、心配事などをぜひ中学生の柔軟な頭をつかって解決してください！】

実際、回答が集まるのか？ とドキドキだった。しかし、掲示してから3日後、副校長から「回答がたくさん集まってきています！」と連絡が入った。急いで向かうと数十通の回答が投函されていた。「たくさんの直筆の回答を前に、笑いと嬉しさで胸がいっぱいになりました」(古林さん)。

【相談3】「生まれたばかりの子どもがかわいくて仕方ありません。皆さんが小さい時に親にしてもらって嬉しかったことは何ですか?(教員・新米パパ)」。

〈回答〉「わかります～かわいいですよね! かわいいなら、かわいいと、言ってあげてください。いつのまにか私たちみたいに大きく育ってしまいます。なので、思ったことをすぐ伝えてあげてください!」

【相談4】「小学生の子どもの母です。筆箱のなかの鉛筆、消しゴム、定規のどれかが毎日なくなります。どうしたらいいですか?(教員・悩めるママより)」。

〈回答〉「強力接着剤で全部くっつければいいと思います!」

回答シートには書ききれず別紙にびっしり書いたものを貼り付けたもの、「ズバッと一言で斬る」ものなど様々。生徒たちがそれぞれ自分の言葉で書いてくれていた。何を言っても大丈夫という、生徒たちの放課後カフェという場への信頼が読み取れる。

生徒たちからは「面白かった、大人も悩んでるんだと思った」との感想が

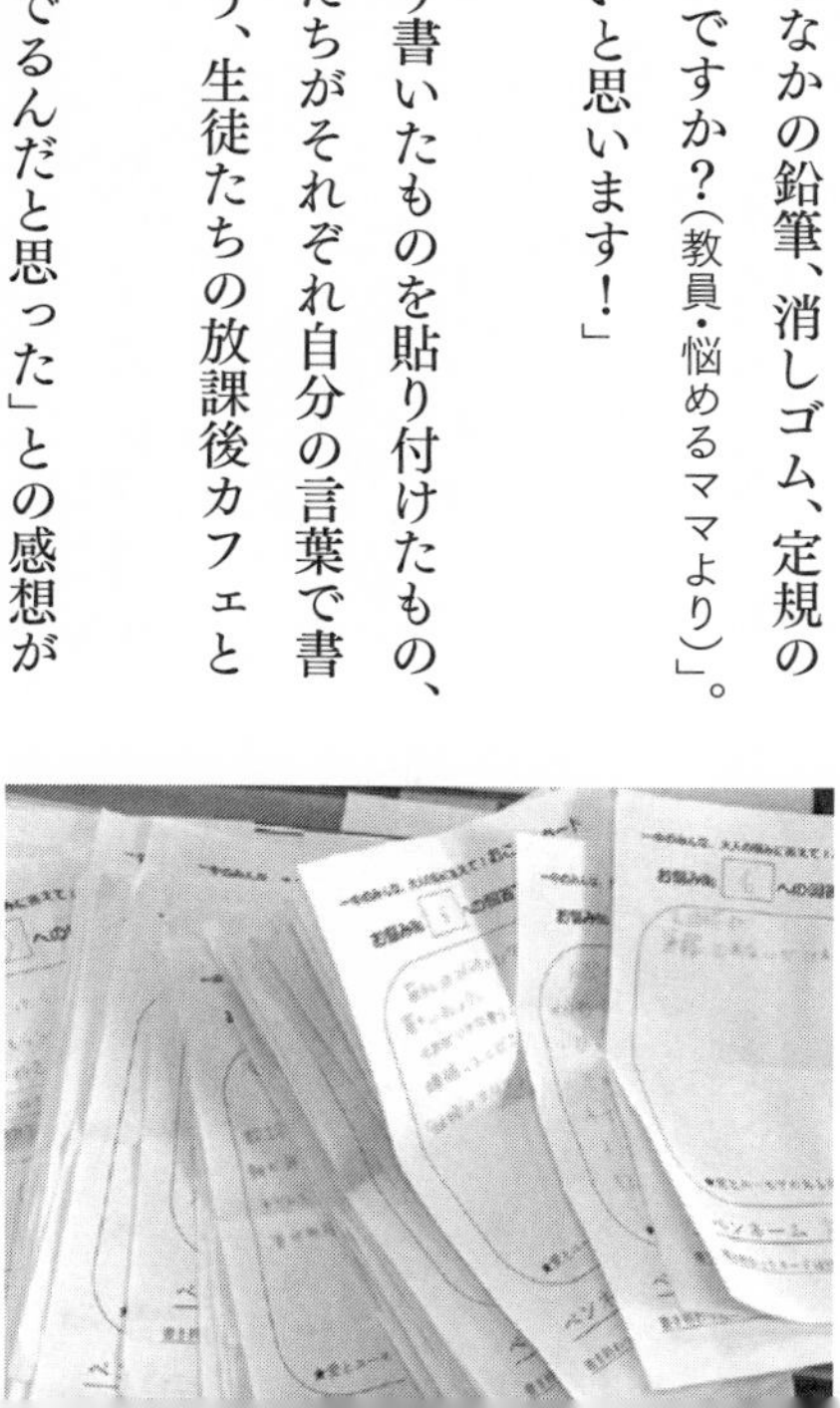
[写真18]

寄せられた。副校長からは「生徒たちが真面目に書いていて驚いた。カフェの皆さんが、これまでとまったく違う手法を提案されてきたことに、自分たち学校側もこの状況下に合わせて考え方を変えていかなければならないと改めて思いました」。

コロナ禍で私たちが失ったのは、たわいないおしゃべり。ユーモアを交え、なんとか交流を続ける古林さんたち。「ここにいるよ」という気持ちが伝わってくる。私もまた知恵をしぼって「不要不急のやりとり」を試みたい。

わいわい広場

PLAY FUKUOKA　福岡県福岡市（2021年8月）

ある調査によると、「平日放課後に外遊びをしたことが一日もない」という子どもは8割に上るという。学童保育のニーズは右肩上がりだが、狭い室内で大人の指示のもと「放・課・後」になっていると言えない所も多い。

そうした現状に対し、福岡市では、市内ほぼすべての小学校で（138校）『わいわい広場』という名の遊びの場が、平均週3日、地域住民らによって開設されている。学校が終わると、子どもたちはランドセルを背負って「ただいま〜」と校庭にやって来て、思い思いに過ごす。おいかけっこ、砂場での泥あそび、木登り、一輪車、長縄、コマ、ゴム鉄砲……。各校平均で40〜50人の子どもが参加する。晴れたら校庭、雨天は校内の体育館など。工務店の端材や竹など、地域の方々の寄付が遊びの素材となることもある[写真19]。

「寝転がって宿題をしてる子もいます。とにかく自由に過ごしてほしいのです」と笑うのは、古賀彩子さん(PLAY FUKUOKA代表)。市と地域の人々と協働で、13年かけて『わいわい広場』を全市に広げてきた。「学校にこだわってきたのは、子どもの日常圏に遊びの場が必要だと思うから」。

福岡市は、もともと「リクリエーション活動」が盛んだったという歴史もあり、2004年に

[写真19]

市としてこの事業を開始した。しかし、なかなか子どもの居場所にならなかった。スタッフから「なんでちゃんと遊ばないの！」「みんなで遊ばないなら帰りなさい！」などという言葉も聞かれ、大人の「遊ばせ場」になっていた。子どもたちも「今日は何をしたらいいんですか？」と大人の指示や、遊んでくれることを待つ受け身の姿勢が見られた。

そこで、２００９年、古賀さんたちは市にモデル事業の実施を提案。どうすれば子どもたちが自発的に遊ぶようになっていくのか検証した。その結果、「何かを教えるのではなく、真似したい存在へ」「子どもの興味に共感する」「一緒に楽しむ、子どもだけで遊べていたら、その場から抜ける」「強制ではなく、提案する」「困っていたら『手助け』するが解決するのは子ども」……などなどプレイワークをキーワードに、「遊ばせる」でも「遊んであげる」でもない子どもへのかかわり方をまとめていった。そして、そもそもどんな場にしたいのか議論を重ねた。

この『広場』の大きな特徴は、学生から高齢者までさまざまな住民がいろいろな立場でこの事業にかかわっていること。「わいわい先生」（現場の責任者・教員ではなく子ども支援の経験を持つ市民）、補助員（地域の推薦による住民）、見守りサポーター（主に保護者）。そして専門の研修を受けた経験豊富な「プレイワーカー」が巡回するという体制をとっている（見守りサポーター以外は有償）。地域の人たちと、子どもの遊び環境に関心のある人たち、いわば地縁と志縁がうまく交わることで、校庭が開かれた遊びの場に変わる。ＰＴＡ、自治会、学校等でつくる地域運営協議会がこれを支える。

古賀さんたちがとりわけ力を入れてきたのが、大人の学びの機会(研修)を提供すること。「子どもにとって遊びとは」「プレイワークとは」「リスク・事故への対応」……現場をこまめにまわり、困りごとを聞き取り、研修に反映させてきた。わいわい先生、補助員、見守りサポーター、そして、運営者向けの研修など、立場ごとに丁寧に実施してきた。実践と学びの中で、当初、少し離れて見るだけだった見守りサポーターさんも、子どもたちと一緒に遊び、関係をつくりながら、「見守れる」ようになっていた。

こうした大人の視線の変化は、子どもたちの遊びの質を変えた。「遊んでもらう」ことに慣れていた子どもたちが、自分でやってみていいんだと工夫する姿勢に。仲良しの子としか遊べなかった子が、大人数で学年を超えて、誰とでも遊ぶように。「そんなんじゃ、楽しく遊べないよ」と子どもたち同士で声をかけあう姿も見られるようになった。その影響は地域にまで及んでいる。『広場』で遊びこんできた子どもたちが公園で遊ぶようになった。まちに子どもの声がもどってきた。

昨年、コロナ禍で『広場』も閉鎖。自粛明けに再開した時の子どもたちのうれしそうな様子は忘れられないという。「ただ走り回るだけで本当に楽しそうでした」(古賀さん)。各校をまわって撮りためた写真を動画にまとめて、研修の場で上映し、様々な制約の中で悩んでいた大人たちを励ました。
不安な五輪の夏。遠くのまちの世界的イベントと、身近な場所で仲間と「わいわい」身体を動かすこと。どちらが必要火急なのかは明らかだろう。

和氣藍々

篠路まちづくりテラス和氣藍々　北海道札幌市　（2021年12月）

先日、札幌のうどん屋さん『篠路まちづくりテラス和氣藍々《わきあいあい》』を訪ねた。「地域のみんなが気軽に集える場」として2017年にオープン。子ども食堂、アナログゲームの会、読書会など様々な人が出入りする［写真20］。「こんなことをやってみたいという地域の方の企画が持ち込まれ実現していったものです」と責任者の石本依子さん。

現在のメンバー（有給スタッフ）は、石本さんふくめ20代から50代の7人。ほとんどがなんらかの障害や病気を持ち、長時間は働けなかったり、人間関係で他の職場をやめざるを得なかった人たち。メンバー以外にも、食器洗いや調理補助、環境整備、週一回の店の前での遊び場の見守りなどに地域の多様な住民がボランティアとしてかかわっている。このお店は、運営に大きな特徴がある。メンバー自身が組合員として経営にも参加するワーカーズコープ（労働者協同組合）

として運営されている。全員が組合員として出資し、働く。経営方針から日々のことまで、組合員歴が長い人も短い人も、同じテーブルにつきみんなで相談して決める。「とても手間がかかります。でも、だからこそできることがある。そして楽しい（笑）」。

札幌市単独の制度から一定の運営費の補助は出ているが、障害のあるメンバーの給与は、お店の売上から出さなければいけない。

石本さんたちは、この協同労働の場に「当事者研究」（＊）を取り入れている。自身の自分の生きづらさや困りごとを仲間とともに語ることを通じて、自分や社会との付き合い方を話し合う。週に一度の全員の会議では、ひとりひとりの困りごとを持ち寄って話す。

＊

「当事者研究は、統合失調症や依存症などの精神障害を持ちながら暮らす中で見出した生きづらさや体験（いわゆる〝問題〟や苦労、成功体験）を持ち寄り、それを研究テーマとして再構成し、背景にある事がらや経験、意味等を見極め、自分らしいユニークな発想で、仲間や関係者と一緒になってその人に合った〝自分の助け方〟や理解を見出していこうとする研究活動」

https://toukennet.jp/?page_id=56

ホールの仕事（接客）をしたくないというAさん。話を聞くと、知らないお

［写真20］

客さんの前に出ると緊張で手が震えてしまうという。メンバーでいろいろな案を出し合ったが、「僕は、もうホールはしません」というAさんの発言で会議は終わった。でも不思議なことに、翌日からAさんはホールの仕事ができるようになった。「苦手だということを言えた。みんなに共有してもらって安心できたということなのかもしれません」と石本さん。

Bさんは朝トイレができないと不快感でいっぱいになり、仕事中も気になってしまう。そのことをみんなで話題にしたら、「私も毎日はお通じないよ〜」などいろいろな経験が語られた。自分だけじゃないんだということに気づいたBさん。不思議とその日から、仕事中も気にならなくなったという。

「ここでは『困りごとのテイクアウト』はできません。ことが起きたら、その日のうちにみんなで話し合いをします」。石本さんたちは、こうした話し合いを「順調会議」(本日も順調に問題あり会議の略)と呼んでいる。「みんなで話し合ううちに誤解が解けて、いつの間にか問題だったことが笑い話になることもあります。だいじなことは困ったと言えるかどうかなんですよね」と石本さん。そして「そのことに障害の有無は関係ないです」と。

お店の運営方法についても、みんなで案を出し合う。「注文から出てくるまでの時間が長い」というお客さんのクレームがあった。みんなで考えた結論は「早く出すのは無理なので、その待ち時間を楽しんでもらうことにしよう」だった。テーブルにお店の紹介や地域の情報を掲載した冊子をおいた。

石本さんは、もともと近くの市立コミュニティセンターの館長をしていた。時間と元気があるのに活躍できていない高齢者や働きたくても場所がない若者、子育てに悩む母親などに出会った。そこで、どんな人でも出番がある場所がまちに必要だと考え、一念発起。地域の人とこのお店をつくった。

お店に出入りする人は多種多様。子ども食堂の活動で出会った不登校の小学校1年生。お母さんが疲れ果てていたので「店に来る?」と声をかけた。そしてメンバーに相談した。メンバーからは「それはここでやるべきこと。それでこそ和氣藹々だね」と全員賛成してくれた。その子は一日お店で働いたり、遊んだり、お客さんとおしゃべりしたりして過ごした。不登校の中学生も週3日、皿洗いのボランティアをしてくれている、その中学生の勉強を、学習支援の経験があるメンバーが手伝ってくれることになった。「お客さんよりボランティアのほうが多いお店かも(笑)」と石本さん。

協同労働と当事者研究。共通しているのは、誰のせいかではなく、なにができるかをみなで悩むこと。ともに悩むから仲間になっていける。働くことの喜びは、そこから生まれる。

嘘

アトム共同保育所　大阪府熊取町（2022年4月）

大阪の南部、熊取町にあるアトム共同保育所。2002年にNHKで、子どもの激しい喧嘩をすぐには止めず、葛藤を見守るという無認可保育所の様子が紹介され、大きな反響を読んだ。2003年に町立保育所の運営を引き継ぎ町内初の民間保育園となり、今に至る。ぶつかりあうのは大人もだ。親も職員も「あんたはどう思うねん」と互いの気持ちや意見を聞き合うことをだいじにしてきた。知恵と力を出し合って「共《とも》に」子どもを育てていける保育園にとの思いをこめて「共同保育園」と名付けている。

「とはいえ、そう簡単なことではないですよ」と笑うのは現園長の野中泉さん。2019年春に園長になってわずか1年でコロナ禍に。以来、2年以上にわたり対応に追われてきた。2020年春、最初の緊急事態宣言下、自治体からの要請で「可能な方は登園を控えてほしい」と保護者に呼びかけた。誰もが無理をしている状況だった。その最中に「事件」は発生した。

とても気にかけていた2歳児とゼロ歳児の兄妹。自粛期間中も毎日夕方遅くまで保育所にいた。育休から復帰したばかりの若い母親は「どうしても出勤が必要。協力できずごめんなさい」と頭を下げていた。しかしある日、妹の体調が悪くやむなく職場に電話すると、育休が延期になりそもそも出社していないという。嘘だったのだ。

親身にやりとりを続けてきた担任が休憩室で憤慨する気持ちは、まわりの職員も理解できた。でも、ある職員が言った一言でみなが沈黙した。「嘘つかなあかんくらい、子育てがしんどかったってことかも……」。その沈黙は「目の前で困っている人に手をさしのべるのは当然。いつもアトムはそうしてきた」と「今は違う。他の人もがんばってるのに」の間の〝揺れ〟だった。

しかし翌日、ある保育士からもらった手紙を読んで、野中さんは思いを決める。「こんな時だからこそ、世の中の一律のルールや、社会全体の正しさの側から考えるだけでなく、みんなで率直に胸の内を話し合うことから始めよう」と。手紙にはこう書いてあった。

「私もかつてアトムの保護者でした。保護者時代、子育てがしんどくて仕事が休みの日に仕事だと嘘をついてアトムに子どもを預けたこともある。あの時の担任も園長もきっと私の嘘に気づいていたでしょうが、何も言わずに子どもを迎え入れてくれました。そんな保育士やアトムに何度も助けられた自分だったので、今度は、保育士としてそんな保護者のしんどさを理解し、支える保育士でありたい」

停止していた園内での職員会議を再開。保護者にも協力を呼びかけた。

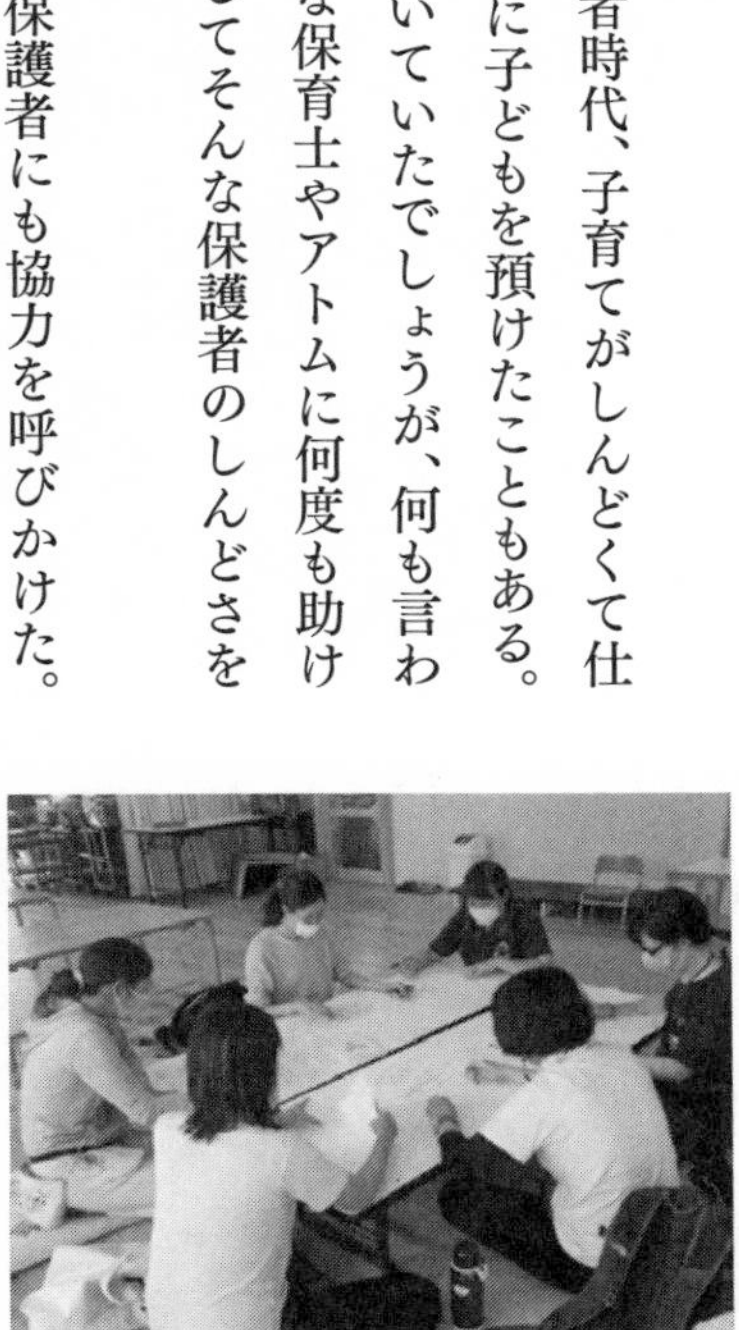

[写真21]

登園を控えることを要請する行政の通知文書には、必ず園からのお便りをつけた。「『ひとりぼっちだぁ』とか『子どもとずっと家にいるの、つらい』と耐えられなくなった時、アトムに電話ください。おしゃべりしよう。そして、そして、本当に仕事も休めない、誰にも頼めない、大ピンチの時は、やっぱりアトムに預けてください」

長期で休んでいる家庭には、電話をして声を聴いた。その声を集めて職員会議をした[写真21]。「○○くんの家は、だいぶお母さん疲れてた。明日一度登園したらと伝えた」「△△ちゃんち、保育園休んでくれてるけど、お父さん仕事なくなったとのこと。ちょっとのぞいてきます」。

朝夕の保護者への声掛けをより丁寧にした。「パートを休んだらクビにすると言われた」などの苦しい胸の内を話してくれる保護者がたくさんいた。「こうした取り組みから、顔の見える近い関係でひとりひとりのことを個別に考える、という方向性が見えてきたんです」と野中さん。

「『お互い様』の地域づくりと言いますが、きれいごとではすまないと改めて実感しています。でも、ルールだからとか、世の中一般の『あたりまえ』を基準にしてしまうと、こぼれてしまう人がいる。それは私たちの望む世界ではない、と事あるごとに確認しています。『はみだしてしまう』目の前の苦しいひとりの側から見つめ続けることをあきらめたくないんです」

自分の〝揺れ〟を表に出すと社会から「はみだし」てしまうのではないか。そんな恐怖を抱えて、私たちは生きている。コロナ禍はそこに入り込み、人の関係を切る。アトムのような揺れ（つまり、人）をだいじにしようとする場所は、稀《まれ》というのが現実だろう。しかし「共同」以外に希望があるだろうか。

私のかかわる地元の学童保育所は、コロナ禍で保護者会活動が停止。解散の危機だ。どんな形になっても人がささえ合う場であってほしいと、今、新しい「共同《ともに》」の作り方を模索している。

一箱図書館

真庭市立中央図書館　岡山市真庭市（2022年5月）

2022年4月、縁あって、岡山県真庭市の市立中央図書館の館長になった。

5月の連休中、「館長就任イベント」を行った。普通、就任イベントといえば、講演などが思い浮かぶが、皆で相談した結果、それは、「らしくない」だろうということで、市民によびかけて『カンチョーと遊ぼう！　もちより図書館』と名付けて、路上でイベントを行うことにした。

まず、本を持ち寄っていただくことにした。

図書館にある、30センチ四方の木箱をつかって、その箱に自分の好きな本を展示してくれる人を募集した。その箱を「一箱図書館」と名付け、「館長」になってもらった。

当日は快晴。朝から、図書館の玄関横に木箱を並べた[写真22]。

この日は、13人の方が「館長」になってくださった。「トマト図書館」、「恐竜図書館」、「発酵図書館」、「アラスカ図書館」、「つなぐ図書館」、「都市とくらし図書館」、「ヒトトキ図書館」、「星野之宣図書館」、「音楽と叙事詩の図書館」、「ゴルフの図書館」、「旅ねこ図書館」……最年少は小学4年生のTくんの「地きゅうとむかしとサバイバル図書館」。

小さな「図書館」の一つひとつを「訪ね」ると、それぞれに独自の空気感があり、異質な世界を行ったり来たり、世界旅行をしているようだった。「館長」と書いた名札を用意して首にかけてもらい、自分の「図書館」の紹介をし合っていただいた。あっちにもこっちにも「館長さん」がうろうろ。「館長さん」と「館長さん」で、「こんにちは」。あちこちで会話が生まれていた。

その横では、七輪に火を入れて、食材を各自もちより。私が埼玉より持参した煎餅の「生地」も人気だったが、お芋、スルメ、自家製のポップコーンなど、様々な食材が集まった。そして、お互いに「おひとつどうぞ」「いいんですか」「ではこちらも」と笑顔のやりとり。

さらに、真庭特産のヒノキをつかった巨大オセロが展開。白黒のコマは、前の週に、呼びかけに応じて来てくれた子どもたちと一緒につくった。削ったり、塗ったり、つくる時間が遊びになった。らくがき、積み木、そして地元の食べ物屋さんによる小さなマルシェもあり、楽しい一日となった。

　参加者から、こんな感想をいただいた。

「本を通して持ち主の趣向がまるわかりになるのが楽しかったです。音楽や映画もやってみたいです！」

「非日常的な空間の中で様々なジャンルの方々と、職務上の関係では難しいような踏み込んだ話ができ、まさに、図書館の〝対話の場〟としての機能を痛感しました。終始、温かい雰囲気があり、話しかけやすい空間であったように思われます」

「休みの日に、なんとなく地域の人が公共の場でゆるく集まっているのって、いいなーと思いました」

　スタッフからはこんな声が寄せられた。

「次の日、来館された年配の女性がアスファルトのお描きを見て入ってこられ、『すごくイイネ！　こんな楽しいことしていたんだね！　自然に消えるまで置いておいてほしい。昔はろう石でこういう遊びをしたんだよ〜』と大興奮で話してくださり、私たちも嬉しい気持ちになりました」

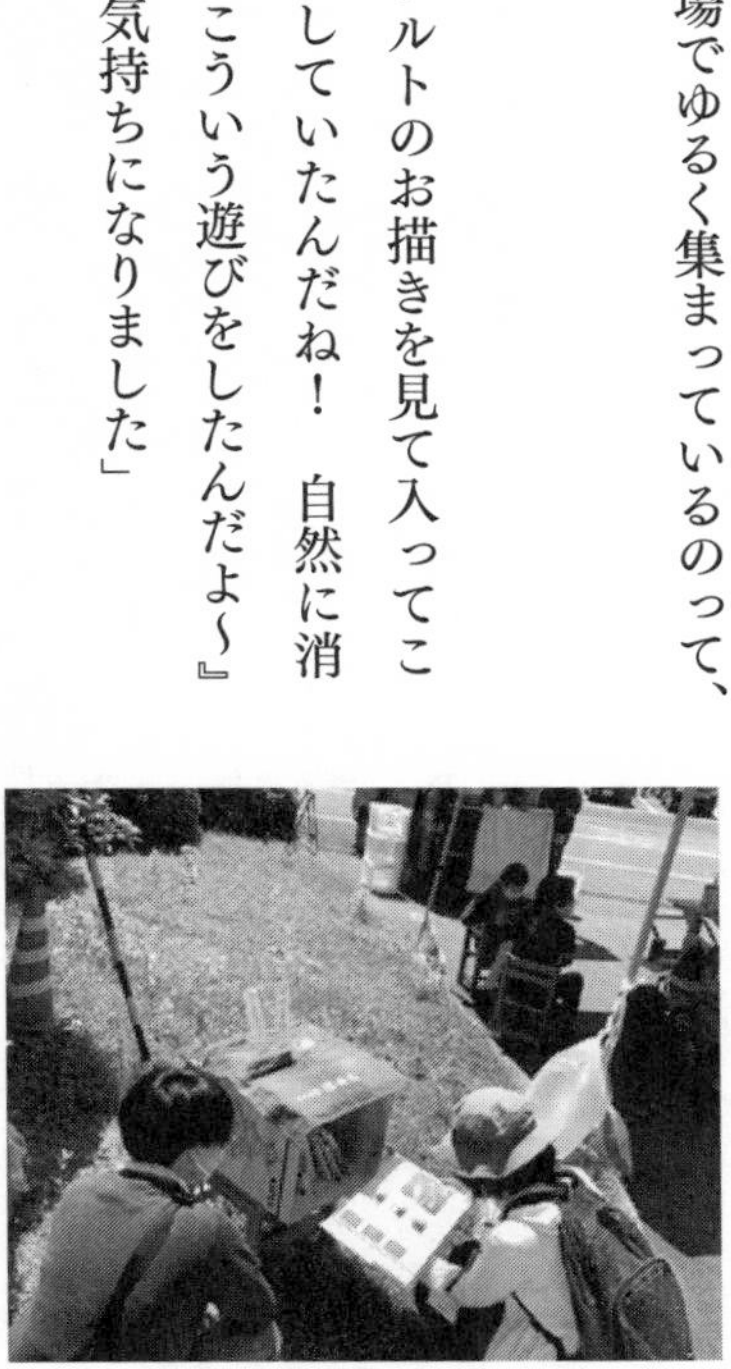
[写真 22]

本も食べ物も「私はこれが好きなんです」「そうなんですね〜」という自己紹介の時間。問いは一つ、答えは多様。「応え」あっていくうちに、おもしろいが生まれていく。

その後さらに、連動企画ということで、1カ月の間、司書さんが「コノ本おもしろかったで！〜本でつながる楽しい時間〜」というコーナーを図書館内につくってくれた。読み終えて本を持って来られた方に「おすすめのカード」を手書きで書いてもらい、本と一緒に展示するというシンプルなしくみ。本の返却時に司書さんが声をかけると、多くの方がよびかけに応じて、紹介カードを書いてくださり、次々と本が借りられて行った。

図書館の本は、森羅万象を扱う。一冊一冊すべて違う。どの本が好きかも人によって違う。だからこそ、場やしくみのつくり方しだいで、その違いは、「おもしろい」に変えることができる。違うことが豊かさを生む。

真剣に本棚を見る来館者の姿を見ていると、まるで本棚が来館者に「あなたはどんな本が好きですか？」「意外にこんな本もおもしろいかもしれませんよ？」と話しかけているようだ。

2021年に市民参加でつくられた真庭市立の図書館の基本計画には、真庭市立図書館の使命として次のように書いてある。

「真庭市立図書館は市民や団体による地域自治の拠点として積極的な役割を果たします」

では、「市民自治の拠点としての図書館」とは？と考えていて、講師で各地にでかけた時に、時折いただくこんな質問を思い出した。

「学校側(行政側)とうまく関係がつくれないのですが、関係づくりのために気をつけていること、工夫していることがありますか？」またその逆に「住民(保護者)とどうすればよい関係がつくれるか」と問われることもある。

簡単に答えられる内容ではない。だから、苦し紛れにこんな風に答えたりしている。

「一緒に食べること、一緒に働くこと、一緒に遊ぶ(または学ぶ)ことから、かなと思います」

20年近く「焚き火を囲んでヤキイモをしませんか」と呼びかけてきたのは、「立場ではなく、まず人として出会いたい」という願いからだ。一緒に食べると、互いの存在を認めあえる。自分と意見の違う人であっても、排除の対象になりにくい。その上で、立場にかかわりなく一人ひとりの意見が出され、それがきちんと受け止められる。そんな「応えあう」関係性が保障されると、話は前に進んでいく。アイディアも生まれる。このお互いに仲間であるという感覚と、一人ひとりの意見は尊重されるべきだという文化。その両方があって、はじめて地域自治は成立するのではないか。これが、地域でさまざまな活動をしてきた私の小さな実感だ。

とはいえ、現実は厳しい。暮らしが便利になり、システム化されるほど「一緒に」は減っていく。それは都市部でもこの農村部でも同じだ。また、一人ひとりの意見が尊重されるという文化も、すぐにできるわけではない。それでも、その方向にしか、自由に生きられる社会、誰もが安心の中で、なにかをやってみようと思える社会はできないのではないか。だからこそ、そのための学びの場、遊びの場としての図書館でありたい。市民、職員の皆さんと一緒に、図書館という場で、未知のことに挑戦してみたい。本があるからこそ生まれる遊びと学びの場にしていきたい。うまくいかないことも含めて、プロセスをともにしていくことで、仲間になっていきたい。みんなで知恵や力や食べ物や本をもちよることで、遊びの生まれる場所にしていきたい。

新米よちよち館長は、そう密かに願い、そのために何をすればいいかと、日々、キョロキョロしている。

【コラム4】

贈り物

（2022年5月）

25年前、団地に引っ越して来た。2年ほどして、長女が生まれた。私もあやすのに、毎日のように夜も昼も抱っこして近所を歩いた。

ある日、やはり泣き止まないので階段の下で困っていた。その時、階上に住んでいるおじさんが階段を降りてきた。「うるさい」と言われるのかと一瞬身構えたが、「おーかわいいねえ。お父さんと散歩かい?」とにこやかに話しかけてくれた。ほっとした。おじさんは、その後も顔をあわせるたびに「元気そうだねえ」と笑ってくれた。あれはやっぱりうれしかった。子どもも自分も歓迎されていると感じられた。慣れない子育てに緊張していたのだろう。

やがて娘が小学生になると、折り紙を楽しむようになった。ふと思いつき、毎月、季節の折り紙を家の玄関ドアに貼り付けてみた。5月はこいのぼり、6月はあじさい……。1階だったので、その階段を使う人全員が、我が家のドアの前を通る。そんな〝勝手にドアアート〟をはじめて半年たったクリスマスイブの夜に、かわいいＸｍａｓカードがドアに貼り付けてあった。開くと「いつも楽しませてもらっています、ありがとう。サンタより」という手紙と図書券が入っていた。「誰だろう?!」と娘は大喜び。さっそく「サンタさんへ」とお礼の手紙を書いて、ドアに貼り付けた。するとその翌日には手紙はなくなっていた。

その翌年も、同じようにまたイブの夜に手紙が貼ってあり、やはり同じように返事を貼り付けた。もしかしたら、あのおじさんかもしれないのだけれど、なんとなく確認はしないでそのままにしている。

その後もドアの前はちょっとしたやりとりの場になってきた。

畑で作った野菜が余ると「ご自由にどうぞ」と書いて、置く。夏はゴーヤ、冬はだいこん。「ひとついただきます。ありがとう」という手紙メモが入っていたりする。ある時は「いつもおいしくいただいています」という手紙と、お菓子の袋が置かれていた。こうした家の前にちょっとした物を置く行為を「ご自由に活動」と名付けて、友人と楽しんでいる。街で「ご自由に」があると写真をとって報告する。家電製品やら本やら色々な「ご自由に」に出会う。

文化人類学に「贈与と交換」という概念がある。たとえばバレンタインチョコは「これからもよろしく」と関係を結ぶためのメッセージ（昔は「好きです」だった…）。一方、もしチョコをもらった直後にお金を払ったら交換になる。それは「あなたとは別段関係を結びたくない」「誰でもよい」を意味する。

贈与は確かにあたたかい。でも、ちょっと揺らぐ。贈ったものが相手にとっては要らぬおせっかいで断られるかもしれない(電車で席をゆずる時の迷い!)。また容易に上下・支配関係に変質する(「やってあげてるのにその態度は何だ!」)。そんな「揺れ」を嫌うがゆえに、私たちは交換=お金で決済できる社会を望み、また誰か(たとえばお上)にルールを決めてもらい、それに従うことを選んできた。人類学者の松村圭一郎は次のように言う。

「贈与がもたらす『つながり』は、面倒くさい。近代社会は、それを避けるように、個人の行為を『市場』や『国家』の線引きに沿って割り振り、社会のなかに垣根をつくりだしてきた。これは市場の話、これは国の仕事、あなたの私的な領域はここまで、といった具合に」(『うしろめたさの人類学』ミシマ社)

その結果、人は孤立し、閉じこもっていった。自分がうまくいかないのは自分のせいだと。誰かにSOSを発するまでのハードルが年々高くなっていく。だからこそ、境界線を少しはみだそう、そして揺れようと松村は呼びかける。

「『わたし』の越境的な行為が、市場や国家を揺さぶり、(自由に生きる=引用者注)スキマをつくりだす」そして、「贈り物に込められた思いが、モノを介して間接的に受けとった人になんらかの感情を引き起こす」（同書）と。

本書で紹介してきたさまざまな活動・仕事もまた、誰かへの贈り物といえる。返礼は目的ではない。かわりにその人とつながれたことを喜ぶ。そして贈られた人が、次に贈る側になっていけることを知っている。前述の「ご自由に活動」の仲間のひとり松田妙子さん（NPO法人せたがや子育てネットワーク）はこれを「恩送り」と呼んでいる。

23年前、私の手の中でおじさんに声をかけてもらっていた赤ん坊も、今春、大学を卒業し団地を出る。沢山の人に贈り物をいただいてきた。これからも贈ったり、贈られたりしながら、なんとか生きていってくれたらと願う。

第5章

「自助、共助、公助」再考

本章では、近年、地域福祉の現場、災害の現場などでよく使われるようになった「自助、共助、公助」という言葉をキーワードに、「みんなで」社会をつくるということについて考えてみたい。一般的に「住民の福祉活動（共助）は、公的な制度による社会福祉（公助）によっては賄えないニーズに対応するものだ」と言われることが多い。また、行政は、財政の縮減などから「公助に替わって共助でお願いせざるを得ません」などと説明する。しかし、共助は、公助のしりぬぐいでもなければ、自助の補完でもない、独自の価値がある。本章では、その独自の価値について、現場の事例をもとに人類学の贈与と交換の概念を援用しつつ考察した。

1 「共助」にしかできないこと

1 「おまえが何もしないからボランティアがやってるんだよっ」なのか？

数年前、依頼されて民生委員をしたことがある。当時、私は40代男性だったこともあり、めずらしがられた。民生委員は半官半民の立場で、行政の依頼を受けて動く活動（たとえば独居高齢者の状況調査など）と、自主的な活動（訪問やサロンの開催などのボランティア）がある。活動に対し行政から多少の謝礼は出るが、ほんの小遣い程度で、ほぼ無償の活動だ。以前は、「地域の名士」の奥さんがつとめ、いわゆる名誉職だった。ここ20年ほど、独居高齢者の増加、子どもの虐待の増加などで、地域福祉が叫ばれるようになって、見守りなどの仕事が激増してきた。私も後学になればとの思いもあって引き受けてみた。ほどなくして、民生委員といっても、地域によってまったく活動の内容が違うことがわかった。私の団地の民生委員活動はとても活発で、１００軒以上の独居高齢者を隔月ぐらいで訪問することになっていて、驚いた（２４５ページ参照）。

任期中の出来事としては、受任直後の初任者研修がいまでも忘れられない。大きな会場に集められ、一日中、市の高齢福祉課、子育て支援課、自治振興課、防災課の担当者が順繰りに登壇しては、その説明を聞くというものだった。高齢化率や虐待の増加などの数値やグラフを見せられ、結論はどの課も「これからの社会はこんなに大変です」、「だからみなさんの出番ですよろしくお願いいたします」というものだった。民生委員になったばかりの不安な最中で、「これは大変な仕事を引き受けてしまった」と後悔した。それぞれの話の中に、どこにも希望が感じられなかったのである。ボランティアの報酬は、お金ではない。単純に言えば、やってよかったという気持ちだ。しかし、この活動をすることで、どんなよい時間が過ごせる、どんなよいことがあるのかという情報が皆無だった。唯一、「やりがいが出てくるのは6年たった3期目ですから、とにかく辞めないで」という言葉はあったが、なぜそうなのかは全くわからなかった。

「地域福祉を住民が任うのは、どんな意味があると行政の方々は考えているのだろうか……」。研修会場を出た時、大量のもやもやが発生していた。

よく「地域のことは地域のみんなで取り組みましょう」などと自治体は呼びかける。「行政のみでは、住民のニーズに応えることはできません」とつづく。自治体財政が逼迫し、いわゆる住民サービスがこれ以上提供できないから、今後は地域住民で担ってほしいと言う。介護保険の財政が破綻しそうだから、要支援は地域で、介護予防も地域で……と。事実なのだろう。でも、なんとなく「お金ないんでよろしく」と言われているだけのような気がしてしまう。とくに、呼びかける職員さんの「たまたま担当になって、たまたま国の施策が降りてきたので、しかたなく説明しています」という態度が透けて見える時などは、もやもやが湧いてくる。「こんなまちにしたい」という呼びかけもなく、あるいはなんの危機感も伝わってこないと、やはり気持ちは動かない。「自発性は、自発性によってはげまされるのだ」という言葉をこの職員に伝えたくなった。

もし、財政に余裕があって、業者にお金を払ってやってもらうことができたら、地域住民はやらなくてもいい、ということなのだろうか。それ以上の価値は、住民による活動の中にはないのだろうか。行政がメインで、もれてしまう部分を住民の活動が補うという位置づけでしか語られていないけれど、それが住民と行政の協働ということなのだろうか。住民の活動に対して、どのような評価を行政は持っているのだろうか……書類に目を落としたまま、早口で説明する声を聞きながらやっぱりもやもやが湧いてくる。

他方で、しばしば、地域で活動している方からの「行政が本来やるべきことなのに、やらないから、しかたなく私たちがやっている」という言葉にも出会う。

インターネットで流れていたある四コマ漫画［図版15］。首相らしき人物が子どもたちにこうよびかける。

「日本の未来を担うみなさんへ　あなたは決して一人ではありません　こども食堂でともにテーブルを囲んでくれる　おじさん　おばさん　あなたが助けを求めて一歩ふみだせば　そばで支え、その手を導いてくれる人が必ずいます　あなたが夢をかなえ、活躍することを応援しています。

　ま、がんばって
　そこに、次のようなつっこみが入って、オチになっている。

「おまえが何もしないからボランティアがやってるんだよっ」

　市民の怒りは私も理解できる。たとえば、外国人労働者の受け入れの問題。現在の政府の政策は、きちんと移民＝ともにこの日本社会で暮らす人としての位置づけをせず、福祉や教育によるケアを何もしないままに、「技能実習生」などの名目を使って、とにかく労働力の調達のために外国人労働者を増やそうというものだ。しかし他方で、そこから生まれるさまざまな困難を放置しているという実態がある。そこに気づいた市民が手弁当で子どもたちのための学習支援教室を開いている。その状況は「おまえが何もしないから」に該当するだろう。また、外国ルーツの子だけではなく、いま学習支援の住民活動は全国にひろがっているが、そもそも学校（公助）が「とりこぼしている」ことこそ問題なのではないのかという視点はほとんど問われない。

［図版15］

2016.11.17©ぼうごなつこ／Twitter

どの子も等しく保障されるべき権利の問題として、本来、行政（公助）によってきちんと対応がなされるべきなのに、それがなされていないのではないか、と。

しかし、その上でなお、住民が地域のこどもたちの学習支援にかかわることは、それ独自の価値があるのではないか。この章では、住民が自ら担う活動である共助のその独自の価値についてあらためて考えてみたい。

地域住民自身が、地域の課題に取り組むことにはどんな意味があるのだろうか。

② 「これが地域のおばちゃんの私にできることなんですよね」

近年、大きく広がった活動に、フードパントリーと呼ばれる活動がある。企業や個人から寄付された食料品を、生活に困窮している人などに配布する活動だ。企業側のフードロスの削減と厳しい生活をしている人向けの支援を組み合わせることで成立し、近年急速に全国にひろがった。コロナ禍では、子ども食堂を開くことができず、臨時にフードパントリーに切り替えるところも含めて、一気に拡大した。

２０２０年春の最初の緊急事態宣言化下、「翔んでさいたマスク」という手作りマスクを贈る活動（177ページ参照）で、マスクの配布を「埼玉フードパントリー連絡会」加盟団体に協力いただいた。以下は、その連絡会の代表で、埼玉県内で最初にフードパントリーの活動をはじめた「越谷子育て応援フードパントリー」の代表・草場澄江さんを2020年夏に訪ねた時のレポートだ。少し長くなるが引用したい。

2018年に、筆者の住む埼玉県で最初にはじめた「越谷子育て応援フードパントリー」。代表は長い間、地域でさまざまな子どもの支援をしてきた草場澄江さん。

現場にうかがうと、「こんにちは、元気にしてました?」「こっちはお米、こっちはお肉、保冷バック持ってます?」「手作りのマスクもありますよ、選んでみて」……草場さんたちは2カ月に1回、150世帯に食品を手渡してきた。

草場さんは元小学校教員。長い間、地元でPTAや読み聞かせボランティア、民生・児童委員、中学校の相談室での学習支援など、子どもにかかわる活動に取り組んできた。その中で、さまざまな課題を抱えている子ども・家族に出会った。「ちゃんと食べられているのか」心配な子が何人もいた。子ども食堂の活動を知り、これならできるかもと取り組んだ。たくさんのボランティアが手を上げてくれ、地域の子どもたちが毎月たくさん来るようになった。「心ある大人とつながることは、どの子にとってもだいじなことです」と草場さん。2016年に食堂をはじめた当時、小学4年生だったAくん。父子家庭で、お菓子ばかりたべていることが気になっていた。子ども食堂に呼ぶと、最初は草場さんにつかまって離れられなかったが、だんだんと慣れ、やがて食堂の常連になったといいます。その子が、高校生になった時、制服を持ってきて、うれしそうにスタッフに見せてまわっていた。「うれしい光景でした。〝信頼できる大人〟が私以外にもできたんだなぁ、と」と草場さん。

一方で、児童扶養手当の受給家庭など、支援を必要としている子どもの参加が増えないことが気になっていた。そんな時、フードパントリーの活動を知り、これならつながれるのではないかと動き出した。市に依頼して、児童扶養手当を受ける人が現況届を提出する会場に、パントリーのチラシを置いてもらったところ、申込みが殺到。以来、2カ月に1回、フードパントリーを開いてきた。コロナ禍では、緊急支援で頻度をあげて対応してきた。

草場さんは次のようにいう。

「食品を渡すのは、一言で言うと、つながりをつくるためです。『相談』には来なくても、『食品の配布』だと来られる人がいるんです」

毎回顔をあわせていると、本当に困った時に連絡をしてくれるという。コロナ禍での自粛期間中も、電気が止まり家賃も滞納してしまっている、とSOSを発信してくれるお母さんがいた。いきなり行政に相談するのはハードルが高くても、あの人たちならと思ってくれる、と。食品を手渡しながら話す時間がある時は、ゆっくりと話しを聞く。

「たわいない話ができる関係がだいじなんです」

草場さんは、2017年にパントリー用に空き店舗を無料で借りられることになった時、同時に学習支援の場をつくっている。これもひとりの女の子との出会いから生まれたそうだ。その子は2学期のはじまる日、学校に行きたくないと訴えた。「じゃあ、せっかく休んだのだからあなたが安心して過ごせる場所を探そう」とまちに出た。図書館などいろいろな場所を2人でまわった。しかし、その子は首をたてにふらない。理由を聞いてみると、「実は、私(草場さん)がそばにいれば、場所はどこでもいいということだったんです。それで自分でその子と一緒に勉強をする場を持つことにしたんです」。

この学習支援の場に、近所に住む男性が、ボランティアで、仕事帰りに立ち寄って手伝ってくれるようになった。「子どもたちにとても人気があります。とにかく子どもたちの話をよく聞いてくださるんです。地域のおじさんと話ができるというのは、子どもたちにとってだいじな経験になっていると思います」。

「学校の先生は異動しますが、私はこのまちに住み続けます。それは出会った子どもたちと一生のつきあいをしていくということです」と草場さん。

「これが地域のおばちゃんの私にできることなんですよね」

『くらしと教育をつなぐWe』227号(2020年8・9月号)

「私はこのまちに住み続けます。それは出会った子どもたちと一生のつきあいをしていくということです」という草場さんの言葉は、専門職ではない住民が地域の福祉にかかわること、すなわち共助の本来の価値を端的に語っているのではないだろうか。あるいは、それは、福祉と呼ぶよりも、シンプルに地域でともに暮らす仲間としてつきあっていくということなのだ。住民ができること、住民にしかできないこととは、(当たり前のことながら)住民同士が出会い、つながり、支え合うことだ。しかし、私たちはもはや普通に暮らしていると、出会うことすらむずかしい。その意味で、住民による活動(共助)は、その出会いの機会として位置づけることができるのではないだろうか。

一般に、住民による活動とは、目に見える困りごとの解決のためのもの(いわゆるささえあいのサービス、見守り活動、サロンなど)として行われるが、同時にそれは、結果としてソーシャル・キャピタル(社会関係資本・人のつながり)の蓄積につながっていくものだともいえる。人と人の関係性は、直接、何らかのかたちでやりとりするなかでしか生まれないものだ。住民がそれを担うことには独自の価値があることを今一度、確認しておきたい。

3 人として見えてくることの意味

10年近く、毎年、大学の授業で、新宿で外国にルーツをもつ子どもたちの学習支援を続けている「みんなのおうち」に、学生と一緒に訪ねている（156ページ参照）。さまざまなルーツを持つ子どもたちに、多くのボランティアの大人たちがかかわっている様子を見せてもらう。時にはボランティアをやらせてもらう。

この教室には、たくさんのボランティアがかかわっている。退職した教員、主婦、学生、会社員、さまざまな人が出入りしている。毎週、顔を合わせ、「来週もまってるよ」「またね」と言葉を交わす。この直接、出会うこと、一緒に時を過ごすこと、一緒に苦労して学ぶことに、こうした活動の価値があるのではないかと、私は考える。

前述した通り、公式に移民を認めない日本政府の姿勢は、外国ルーツの親子に対しての公的な支援が諸外国と比べ、まったく足りない。「みんなのおうち」のような有志の市民による学習支援のボランティア活動に頼っている状況がある。まさに、漫画にあった「おまえが何もしないからボランティアがやってるんだよっ」という状況そのままだ。本来は、公助としてやるべきことを、「ほっとけない」と気づいた市民が過重な負担を覚悟で動いている。

ここで、「学習が遅れていることを解決する」という課題だけならば、学習塾や日本語学校に有料で委託することも方法としてはありえる（さらにいえば、この課題は本来、学校の責任として、解決すべきことではないのか、という視点はすでに述べた通りだ）。しかし、それでもなお、こうしたかかわりをもつことに独自の意義があると私は考える。それは、直接のかかわりがあってはじめて、「外国人」としてひとくくりにするのではなく、ひとりひとりの人に見えてくる、ということだ。

約100年前の関東大震災時、デマに踊らされた日本人によって多くの朝鮮人が虐殺されている。フリーライターの加藤直樹は、90年後の虐殺現場を歩いたルポで、朝鮮人虐殺を研究する山岸秀の論考を引きつつ、当時、虐殺から朝鮮人を守った日本人について触れて、次のように書く。

朝鮮人を殺した日本人と、朝鮮人を守った日本人。その間にはどのような違いがあったのだろうか。（中略）（日本人の中で＝引用者注）ふだん、朝鮮人の誰かと人としての付き合いを持っている人のなかから、「守る人」が現れたということだ。

言ってしまえば当たり前すぎる話ではある。だがこの当たり前の話を逆にしてみれば、「ヘイトクライム（差別扇動犯罪）」とは何かが見えてくる。

社会は、多くの人の結びつきの網の目でできている。そこには支配、抑圧、差別といった力が働く一方で、そうした力に歪められながらも、助け合うための結びつきも確かにあり、それこそが当たり前の日常を支えている。

植民地支配という構造によって深刻に歪められながらも、当時の朝鮮人と日本人の間においてさえ、生きている日常の場では、ときに同僚だったり、商売相手だったり、友人だったり、夫婦であったりという結びつきがあった。

だが虐殺者は、朝鮮人の個々の誰かであるものを「敵＝朝鮮人」という記号に変えて「非人間」化し、それへの暴力を扇動する。誰かの同僚であり、友人である個々の誰かへの暴力が「我々日本人」による敵への防衛行動として正当化される。その結果、「我々日本人」の群れが、人が生きる場に土足でなだれ込んでくることになる。当時の証言には、自宅に乱入した自警団が日本人の妻の目の前で朝鮮人の夫を殺した、というものがある。ここにはヘイトクライムの恐ろしさが分かりやすく現れている。

ヘイトクライムは、日常の場を支えている最低限の小さな結びつきを破壊する犯罪でもあるのだ。


『九月、東京の路上で　１９２３年関東大震災　ジェノサイドの残響』(ころから)

近年、「多様性の尊重」が謳われるようになった。「共生社会」「みんなで生きる」などなど、行政機関によるたくさんのスローガンが踊る。そのこと自体はもちろん間違いではない。しかし、地域で直接顔を合わせ、人として付き合っていく、そのかかわりの集合体としての「みんなで」なのか、そうではない「記号」としてだけの「みんなで」なのかでは、意味合いが大きく異なるのではないだろうか。後者だけでは、社会的に不利な立場の人に対する支援策が、容易に妬みに変わるという危うさを持つのではないだろうか。失業などの経済的な貧困などの厳しい現実が押し迫ると、そのストレスはより弱い立場の人々に向けられる。「あいつらは特権をもっている」「優遇されている」と。その実態は、そんな、妬むほどの支援策が実施されているわけではまったくないのに。

そう考えると、共助=草の根のよい出会いの積み重ねは、「こわい」「ずるい」といった偏見や差別(歪んだ認識)が広がることを防止し、社会を寛容にし、公助=行政の施策を良い方向にすすめることにつながるといえる。

人と人のつきあいだから、いつも仲良くできるわけではない。違いは豊かさでもあるが、めんどくさいことでもある。その一方、手間がかかるが、おもしろいことでもある。それもこれも含めて、生身の人として互いの存在を受け止めていく。その経験が、加藤が言うように「朝鮮人の個々の誰かであるものを「敵=朝鮮人」という記号に変えて『非人間』化」することに歯止めをかけていくのではないだろうか。

システム社会化がすすみ、日本人同士ですら日常的なかかわりがどんどん少なくなっていく中で、「困りごと」を媒介にしたさまざまなルーツを持つ人々の直接の交わりの持つ意味は、単なる「支援する日本人、支援される外国人」という枠組み以上の価値を持つのではないだろうか。

2　「共助」と「公助」

1 贈与としての共助

人類学に「交換と贈与」という概念がある。交換とは、端的にいえば売る・買うという等価なものを取引する関係。相手は誰でもよい。贈与は、贈ること。同じものでも贈与すれば贈り物に、交換すれば商品になる。

贈与は、相手の必要性や欲求を満たすためのものではない。感謝や愛情といった感情を表現し、相手との関係を築くためのコミュニケーションだ。

『うしろめたさの人類学』（松村圭一郎著）

贈与の目的は、親密な関係を築くことだ。しかし、贈与は、めんどくさい。贈った側と贈られた側で、とらえ方がずれる時もあるし(相手が受け取ってよかったと思ってくれた時にはじめて贈り物として成立する。ずれるとありがた迷惑となる)、また、支配と被支配の関係になりやすい。あげる方が優位に立つ。もらう方は負債となり、返礼の義務を負う。一方、交換は、匿名性が担保されるので、楽だ。でもちょっとさびしい世界でもある。

ショッピングセンターで買い物をする時と、近所の行きつけの魚屋さんで買い物をするのでは、同じ買い物でも意味合いが違う。前者は値段だけの世界。後者は時に「おまけ」の品物や、割引がついてきたりする。そのやりとりをめんどうなものと感じるか、あたたかいものと感じるかは、人によってさまざまだろう。時と場合にもよる。社会のシステム化、市場化が進むにつれ、私たちは、日常的な暮らしの場面では、もう後者のようなめんどくさい要素を加味しないほう(交換)を選んできた。スマホでポチッとすれば、商品は玄関まで、だまってやってくる。

念のため書いておくが、交換の世界はだめで、贈与がだいじだと言いたいわけではない。交換の世界(契約・システム)が大きく発展していくことで、私たちの社会はここまで物質的に豊かな世界(産業社会)を構築できた。多数の人々が飢餓から逃れることに成功したともいえる(それでもなお何億という人びとが飢えているのだが……)。それは、贈与の世界で固定化されがちな支配と被支配の関係から、解放されることも意味していた。交換の世界が発達した都市に人々は流れ、商品を選択するという意味での自由と、誰からも干渉をうけないという意味での自由を感じることができた。土日は家族でショッピングセンターへというライフスタイルは、都市、農村にかかわらず全国に広がった。

他方で、こうした交換の世界の急速な広がり（＝システム社会化）は、他者との「かけがえのない関係」を喪失していくことでもあった。労働と消費の生活のどの場面でも自分が入れ替え可能な存在であるという不安を抱えることにもなった。「あなたでなくてもよい」と。契約関係であるとはそういうことだ。私たちは他者との関係を喪失し、互いの存在が見えなくなりつつある。

この半世紀あまりの急激な産業社会化は、人類が何万年にわたって営みつづけてきた共同の生活スタイルを解体し、かわりに個別に「買う」暮らしのスタイルをもたらした。「お客様」になることは手軽に快適さをもたらし、そのかわり、ともに食べ、働き、遊ぶという機会（見知らぬ人と仲間になっていく機会）を喪失する結果となった。家族やすでに仲間になっている人同士だけで過ごすことが日常になっていった。贈ったり、贈られたり、譲ったり、譲ってもらったりという「お互い様」の場面（地域の活動もここに含まれるだろう）も、とても苦手になっていった。迷惑をかけないことが、第一の目標になり、それは、同時に迷惑をかけられることを強く忌避するという日常の意識を醸成していった。

歴史地理学者の湯澤規子は、「一膳飯屋」、紡績工場の女工たちの「共同炊事」など、近代の日本人が、どのように胃袋を満たしてきたのかを丹念に調べ、近代とは「〈胃袋の「孤立化」と「集団化」が同時に〉進んだ、ひたすら満腹を夢見た時代だった」と指摘している（『胃袋の近代――食と人びとの日常史』名古屋大学出版会)。また、続く『7袋のポテトチップス——食べるを語る、胃袋の戦後史』では、飽食から孤食に至る食の視点から見える人々の関係の歴史を描いている。

湯澤は、自身の小学生の息子の友だちが自宅に遊びに来た時、それぞれが、自分の分のポテトチップスを持参してきたことに驚く。

なかでも一番印象深く、忘れられないのは、彼らの放課後ライフが我が家のリビングで初めてくり広げられた初日の出来事である。七人の少年が集まり、彼らはそれぞれ一袋のポテトチップスを持ってきた。放課後に友達の家に遊びに行くときには一人一つのお菓子を持っていくという暗黙のルールがあるということを私はじきに知ることになるのだが、この日は七袋のポテトチップスが集まったことにまず驚いた。そしてさらに驚いたことには、彼らは一人ひとりが自分で持ってきたポテトチップスの袋を開けると、誰かと分けることなく自分の袋の中からそれぞれがそれぞれのポテトチップスを食べ続けたのである。

『7袋のポテトチップス——食べるを語る、胃袋の戦後史』

「七袋のポテトチップスは個に閉じた胃袋の象徴だった」と湯澤は言う。そして、現代は「共食

／共在から孤食／孤在の世界へと転換してきた」と。ともに食べることをやめた私たちは、互いの存在を認めることができなくなっているのではないか、と。

こうして、ばらばらに暮らすようになった私たちは、現実に社会的な不平等が発生していても、それはともに解決すべき社会の問題ではなく、「その人」の問題であると認識するようになった。自分がきびしい状況におかれても、すべて悪いのは自分のせいだと考える人が多数を占める自己責任の社会になった。こうした交換優位、または交換一辺倒の生活のスタイルは、孤立と隣合わせの関係でもある。

そして、こうした「交換の世界に過度に偏重した暮らし」のあやうさをあぶりだしたのがコロナ禍だったのではないだろうか。

コロナ禍の最初の緊急事態宣言が発令中だった2020年5月、私の所属するNPOハンズオン埼玉などがよびかけて、226団体の賛同を得て、埼玉県に要望書を提出した。埼玉県が実施した、コロナ自粛にともなう「中小企業・個人事業主支援金」の対象範囲にNPO法人、一般社団法人などの非営利団体が入っていなかったので、その対象の範囲に加えてほしいという、シンプルなものだった。NPO法人も、税法上の事業をしていれば課税されるし、登録をきちんとしておかないと県の事業の入札にも参加できない。しっかり「事業者」として扱われている。今回、県の担当は、いわゆるNPO担当ではなく産業労働部だった。であれば、今回、経営のための財政支援の対象に入ってしかるべきではないか、と。かなり話題を呼んだが、結局、要望はかなえられずで終わった。

この時、私たちは、あらためて事業者であることと、市民活動や市民事業といわれるものの社会的な意味・価値について、整理しておく必要性に迫られた。そこで、贈与と交換をキーワードにしつつ、図にしてみたのが図版16である。

交換と贈与の考え方で、「お店」を分類してみると、A~B~C~Dの順に、交換~贈与のグラデーションとして考えてみることができるのではないか。

Aはたとえば、大手チェーンのカフェ。ほぼすべてが交換の世界。

Bはたとえばまちの喫茶店。

Cはいわゆるコミュニティカフェ。

Dは子ども食堂や高齢者のサロンや食事会など。

C・Dの市民活動、市民事業の独自の社会的な意義は、贈与によって生まれるつながり、連帯、ソーシャル・キャピタル（人のつながり）の蓄積。ひとことで言えば「人と人の関係を生み出すこと」と。これが交換ではつくれない独自の価値ということになる。とくに今回のコロナ禍では、B＝いわゆる「まちのお店」が単純に交換（いわゆる経済的価値）を生む存在ではなく、贈与による価値（人のつ

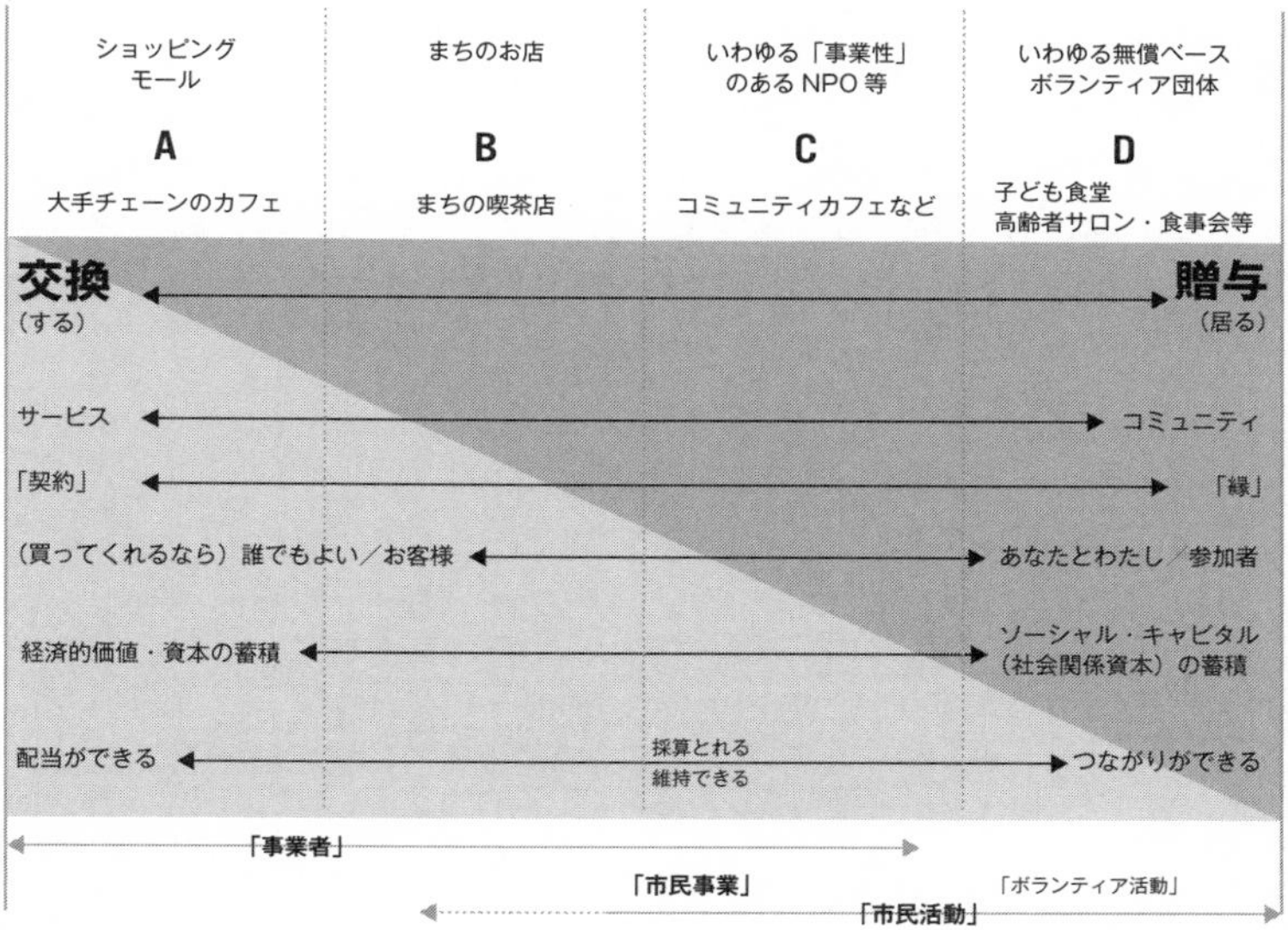
ショッピング
モール
A
大手チェーンのカフェ
まちのお店
B
まちの喫茶店
いわゆる「事業性」
のあるNPO等
C
コミュニティカフェなど
いわゆる無償ベース
ボランティア団体
D
子ども食堂
高齢者サロン・食事会等
交換
（する）
贈与
（居る）
サービス
コミュニティ
「契約」
「縁」
（買ってくれるなら）誰でもよい／お客様
あなたとわたし／参加者
経済的価値・資本の蓄積
ソーシャル・キャピタル
（社会関係資本）の蓄積
配当ができる
採算とれる
維持できる
つながりができる
「事業者」
「市民事業」
「ボランティア活動」
「市民活動」

[図版16]

ながり）を生む存在でもある、と改めて認識することになった。たとえば「スナック」は、人々の居場所でもある。最初の自粛明けに放映された、NHKドラマ『不要不急の銀河』（2020年7月23日放映）は、自粛をめぐって右往左往するスナック経営者とその家族、そして常連客のやりとりを通じて、経済的な視点以外の「まちのお店の価値」が、描かれていた。

　コロナ禍での埼玉県の支援策は「事業者」の事業継続のための支援だった。図でいえばA・Bにあたる。そこになぜ法人格が違うというだけでNPO法人や一般社団法人が入らないのかが疑問で、そのために署名を集め要望をだしたというわけだ。

コロナ禍では、交換の世界も、贈与の世界も、営利、非営利問わず、すべての事業者が存続を脅かされる危機的な状況になった。交換の世界は、数字で表すことができるため、危機を認識しやすい。しかし贈与の世界は、もともとが見えにくいもので、危機としても認識されにくい。人が会うこと、ともに食べ、ともに動くことを促進してきた市民活動・市民事業などの関係者にとって、「不要不急」は、自身の活動の存在価値へのダイレクトな問いとなる重い言葉だった。

コロナ禍であらためて見えた市民活動・市民事業の今日的な意義は、まず、具体的に贈与を通じて他者との関係性(お互いに、あなたを待っている、必要としているという関係)を紡ぐことだった。直に接触し、ともになにかをする、そのことによって他者への信頼を育む。他者への信頼があれば、SOSを出せる。人に支えられることで、やがて人を支えることができるようになる。これが、「交換」では代替えすることができない、市民活動・市民事業の独自の価値なのではないだろうか。自治体などが、市民活動やNPOを「支援」する時の理由も、この視点からであるべきではないだろうか。

前述の湯澤は、各自が持参したポテトチップスを食べている状況に直面して、「ともに食べる」ことをこころみる。息子の友だちが再び自宅に集まった時、キッチンでクッキーを焼く。

ある少年は「何つくってるの？」と興味津々といった面持ちでキッチンに飛んできた。またある少年はこの香ばしい香りはいったい何によるものなのかを思案しつつ、こちらをちらちらと見ていた。結果的にこの試みは大成功で、子供たちは焼けたそばから争ってクッキーを食べ始めた。「分け合う」というよりも、むしろ「取り合う」という状況ではあったがなんとなく楽しそうに、ふざけながら、クッキーをめぐるやり取りが彼らの遊びの一部に ごく自然に入り込んだという感じだった。

湯澤はその後、自身も地元の地域で、子ども食堂にかかわる。そして現代における子ども食堂の意義を次のように語る。

子ども食堂は「共在空間」という試みなのではないだろうか（中略）。何らかの理由で「生きづらさ」や「孤独」を感じている子どもたちに、温かい食事や居場所を用意することで、胃袋の満足とともに、何かと、そして誰かと共に在ることの 豊かさを手渡しているこ とではないかと思うのである。

1999年に、私は親になり、地元の公立保育所の保護者になった。保育がサービスと呼ばれ、保育士がともに子どもを見てくれる仲間から、立場の違う専門家として立ち振る舞うことが現場に求められるようになっていった。保育という営みが、急速に託児サービスに変わっていく時期だった。保育者が自分たちと同じ人に感じられないようになりつつあった。保護者どうしも一緒に何かをする機会が減り、関係性を育むのが難しくなっていった時期だった。

そんなちょっと寂しい関係を変えていけないかと始めたのが、みんなで焚き火をしてお芋を食べることだった(「おとうさんのヤキイモタイム」29ページ参照)。火を囲んで、ともに食べるだけで、ほっとする時間が流れた。当時はあのあたたかい時間がなんなのか深く考えず「いいなあ、この時間」という感覚だけで動いていたが、あれは、湯澤のいう「共在感覚」を醸成する時間だったのかと今にして思う。

2 共助を支援する前に

前節で紹介した子ども食堂やフードパントリーの活動がどんなに広がっても、それで貧困そのものが解決するわけではない(もちろん制度が適用できないグレーゾーン、緊急の場合などでは大変重要な役割を果たしているが、あえてここではこう書いておきたい)。

「貧困とは、貧乏＋孤立である」(湯浅誠)という言葉がある。このうち「貧乏」の解消は、住民による共助の力だけで解消することはできない。労働、経済、社会保障などさまざまな制度やしくみ(非

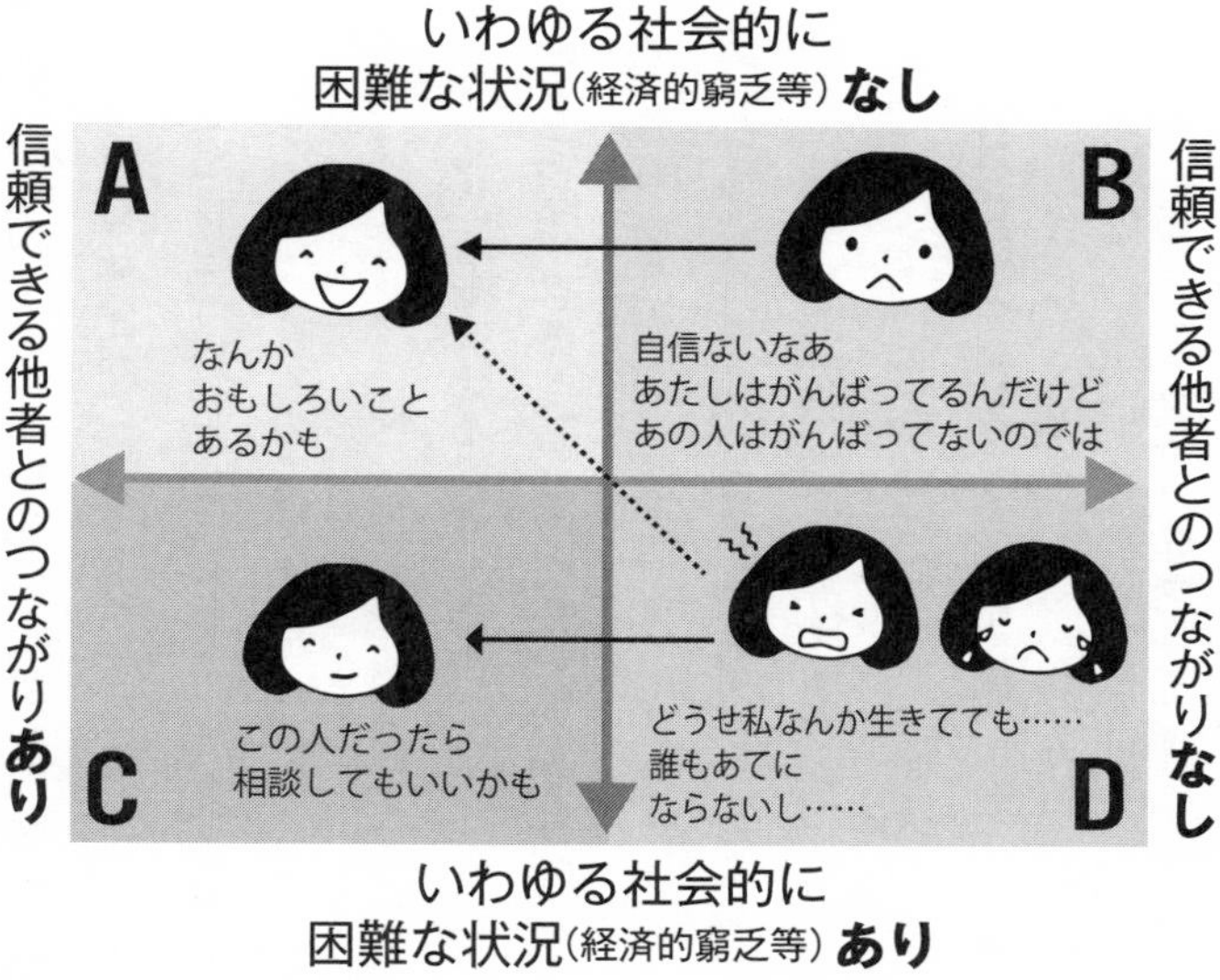
いわゆる社会的に
困難な状況（経済的窮乏等）なし
信頼できる他者とのつながりあり
信頼できる他者とのつながりなし
A
B
C
D
なんか
おもしろいこと
あるかも
自信ないなあ
あたしはがんばってるんだけど
あの人はがんばってないのでは
この人だったら
相談してもいいかも
どうせ私なんか生きてても……
誰もあてに
ならないし……
いわゆる社会的に
困難な状況（経済的窮乏等）あり

［図版17］

公助）が是正されないかぎり、解消されることはない。「住民による福祉活動は、権利の擁護はできても保障はできない」（『参加が創る共生社会：市民の共感・主体性をどう醸成するか』早瀬昇 著 2018）のだ。他方、後者の「孤立」については、前述のとおり住民同士のかかわりをつくることがゴールということになる。住民の困りごとを近所の住民が関与することによって解決する中で、両者の関係が生まれていく。

この視点から、あらためて共助の価値と社会的困難な状況の関係を図にしてみると図版17になる。

縦軸にいわゆる社会的に困難な状況の「ある」「なし」を置く。困難な状況は、経済的な困窮をはじめ、外国ルーツの子など一般的に社会で弱い立場にあることを意味する。横軸は、信頼できる他者とのつながりの有無。縦軸も横軸も、相対的なものであり、実際はグラデーション状態だが、便宜上分けて図にしてみた。

子ども食堂を例にあげてみると、まず【右B・D】を【左A・C】にする力が子ども食堂にはあると考えることができるのではないだろうか。子ども食堂で「あの人なら助けてくれる(かもしれない)」という人に出会える。「一緒に考えてくれる人がいるんだ」という経験をすることの意義は、時にその子の人生を支えることもある。

この信頼できる他者との出会いは、実は図の上下の区別は関係なく、本来、どの子にも必要なものだ。一人でがんばらなくてもいい、他者、社会は信頼に足るものだという実感を得られることは、幸せに生きていく上で必須の要素なのではないだろうか。それが得られないと、たとえば、他者と比較し、優劣でしか見ることができなかったり、本当に必要な時にSOSを発信することが難しくなったりする。そんな生きづらさを抱えることになる【B】。さらにここに社会的な困難がかぶさる【D】と、「どうせ私なんか生きてても……」「誰も助けてくれないし」となって、本来その子の問題ではないはずなのに、自分を責めたり、あるいは他者への攻撃に向かったりすることになる。

一方で、縦軸の困難な状況を改善する(下から上)のは、共助(のみ)ではできない。「助」の問題というよりは、社会全体のしくみ、制度の改善が必要になる。舞台は、行政、もっといえば、政治になる。

そこでは、多数派が何をだいじにするのかという支配的価値観が問われる。

横軸と縦軸は、連動することもある。信頼できる大人との出会い【C】が、必要な制度を利用できるようになるということにつながることも多い。ソーシャル・キャピタルが蓄積されると制度(公助)の利用がすすむということになる。

こうして考えていくと、「共助、公助」は、同時並行で必要なものだということになる。「まず自助、自助がだめなら共助を、それがだめなら公助」などという、「他人の世話にならない」という意味での「自助が目標の自立観」こそを問題にしなければ図版17の【B】の状態が目標になっているようなものだ。それが今日、多くの人、とりわけ若者が生きづらいと感じていることの背景にあるのではないだろうか。

前述の草場さんの「私はこのまちに住み続けます。それは出会った子どもたちと一生のつきあいをしていくということです」という言葉の意味をもう一度かみしめたい。制度(公助)の隙間を埋めるために共助が必要なのではなく、共助には独自の価値があるという理解を広げたい(もちろん、公助がまにあわない時、緊急時、必要な家庭に対する食料の提供には命を支える大きな意味がある。制度の狭間を埋める役割は必ず必要なものでもある。そのことは踏まえた上で、あえてここでは、こう記しておきたい)。仮に行政が子ども食堂を応援するならば、その理由はなにかを明確にすべきだろう。

行政は、こうした施策全体の関係性をふまえた上で、共助(市民活動、地域福祉活動)の支援・推進を考えるべきではないだろうか。あえて記しておくが共助を「支援」したり「讃え」たりする前に、自分たちが公助としてまず何をすべきか、できているのかをきちんと検証することが先なのではないだろうか。その検証を抜きに、見た目に印象がよい共助の支援を謳うことに対しては、異論をはさみこんでおきたい。たとえば、地域の住民による学習支援を推進する前に、学校は何をすべきかを考える必要があるのではないだろうか。学校の現状を放置し、学習の問題を個人の問題(その子、その家庭の問題)とした上で、その「救済」を地域住民が担うという構造になっていないだろうか。

217ページの漫画の「おまえがやらないからだろ」はその意味では妥当な批判なのだと思う。

現在の暮らしの中で、普通に暮らしていると、子どもが地域の大人と出会う機会は多くない。それゆえ、学習支援などの「子どもたちの困りごと」は貴重な出会いの場でもある。その意味で、地域住民による学習支援は独自の価値をもつ。「スマホ相談会」(151ページ参照)のように困りごとは、「困り方を工夫する」ことで、人をつなぐよい機会になる。しかし、だからその困りごとがあったほうがいい、ということにはならない。

「官民協働、オール○○で、地域の全員で取り組みましょう」などという大雑把な呼びかけは、公助で改善すべき課題をあいまいにすることにつながっていないだろうか。

公助である行政が動くには、政治の力も必要になる。私たちは、選挙だけではなく、さまざまな政治的な活動を通じて、行政に働きかけ、制度やしくみを改善していく必要がある。他方で、地域で活動することで直接に人とつながっていくことも必要だ。人のつながりと制度やしくみ、その両方があってはじめて人は、尊厳をもって、安心して生きていくことができる。共助の現場で生まれた人のつながりは、人をはげまし、やがて公助を変える力や公助の施策を後押しする力につながっていく。

共助と公助が重なるところに公正で暮らしやすい社会が生まれてくるのではないだろうか。

本章の冒頭で、民生委員の研修について書いた。その後、実際に活動をしてみると、訪問を通じて地元にたくさんの知り合いができた。まちで顔をあわせて、あいさつする場面も増えた。多くの人生の先輩の話を聞かせてもらう機会になった（245ページ参照）。

東日本大震災で、岩手の沿岸部の小さな町から息子のいる埼玉の私の住む町に避難してきた80代の女性・Sさん。私の母と同い年。うちの団地に引っ越してこられた直後に、市役所から依頼された高齢者の一人暮らし訪問調査があり、それで知り合った。訪問するたびにたくさんのおしゃべりをした。生まれ育った村の様子、結婚してからの沿岸部での暮らし、子どもたちとの楽しかった思い出……そして「あの日」の話。いつも夕暮れまで話はつきなかった。

あの日、Sさんは、海に近い川べりにあった自宅から高台の公民館まで、夫と一緒に必死に走った。しかし、途中、津波が迫った。夫は「先に行け」と言い、迷いに迷ったが、夫をおいて先にいかざるを得なかった。幸い最終的に夫も逃げ切ることができた。夫は元製鉄所勤務で、肺をわずらい治療中で、津波の前日に退院したばかりだった。環境が大きく変わったこともあり、埼玉に避難後、しばらくして亡くなった。Sさんは、一人暮らしになった。

訪問するといつも、「いいから、いいから、お礼よ、持っていって」となにかを渡そうとするので、困った。Sさんは、リュウマチで両手首が動かなくなり、痛みがあった。おしゃべりしながら、よく手首をさすった。シャワーは入れても、浴槽が洗えないからお風呂に入らなかった。それで、当時小学生だった私の娘に、お風呂の掃除を頼んだりしていた。

おつきあいがはじまって2年ほどして、その娘の小学校で防災教育の時間があると聞いた。そこで、子どもたちに震災の時の話をしてもらえないか、とSさんに頼んだ。「子どもたちの前でしゃべるなんて、むりむり」と断られた。そこで、一計を案じた。保育園の保護者会活動で出会ったフリーの映像カメラマンのお父さん・Iさんに、撮影を依頼して、当時のことを語る姿を映像におさめ、それをSさん同席の上で教室で流す、という案だった。Iさんは2つ返事でOK。Sさんもそれならと語ってくれた。防災教育当日、Sさんと一緒に小学校に行った。当時の津波の映像につづいて、Sさんのインタビュー映像が流れた。さすがのプロの撮影・編集だった。映像が終わったあと、子どもたちからの質問タイム。「避難した時、どんなものを食べていましたか?」「どんなことがつらかったですか?」「どんな町に住んでいたんですか?」次々に手があがり、その質問に堂々と答えるSさん（なんだ、話せるじゃないか！）。この日は、「町であったら、また声かけてくださいね」というSさんの一言で終わった。実は、このSさんの一言が、わたしが、Sさんに小学校で話してくれないかと頼んだ理由だった。地元の知り合いの少ないSさんに、町でこんにちはといえる相手ができるといいな、という思いもあり、先生とSさんに依頼したのだった。

民生委員は、大変ではないといえば、うそになる。しかし、だいじな思い出にもなっている。よい学びの時間だった。保育所の保護者会も、PTAも、半官半民の民生委員も、それをきっかけに、「互いに気になってしまう」間柄——前述の湯澤の言葉を借りれば地域に住む者同士の「共在」関係を育むためのしくみといえるのではないだろうか。

もしかすると民生委員の初任者の研修では、たとえば、私が経験したこんな話をたくさん聞かせてもらえればよかったのかもしれない。活動そのものの中に、喜びも学びもたくさんあり、豊かな時間を過ごせるものだと伝えてほしかったと思う。住民自身にしかできないことがあり、独自の価値を持つものなのだと。

「地域のことは地域のみんなで取り組む」ことは、「正しい」という視点から入るのではなく、そこからしか生まれない楽しさ、喜びがあることを伝えてほしい。

そして、その上で「あなたはまちでどんな風景を見たいですか？」という問いで、みなでお互いの声を聞き合う、そんな時間が必要なのではないだろうか。

［コラム5］

山伏修行

（2017年4月）

4年前、老眼に気づいた。「あれ？　人生下り坂？」と戸惑った。その後すぐ、縁あって民生委員になった。高齢化率50％のエレベーターのない5階建ての団地で、高齢の方を訪問するほぼ無償仕事。戦前に生まれ、高度成長を走り、平成の世を生きてきた皆さん。ひとりひとりに物語があり、日々の暮らしがあった。先日、3年間の任期を終了した。

90代のAさん。やわらかい京都弁で「いつもおおきに」と日常を報告してくださる。行政書士と契約をし、死後準備も万全。ご親族との縁は切れているが詳しくはお聞きできず。

そのお隣りのBさん。扉を開けたとたん30分以上、相槌不要のマシンガントーク。話はいつも偏差値の高い学校に通った子どもと孫の自慢。聞いているうちに、だんだんこちらの意識が遠のく。Bさんの人生をこれまで支えてきたものではあるのだが……止まらない甲高い声を聞いていると、日々の寂しさがじんわりと伝わって来る。

末期がんで余命半年と診断されたCさん。でももう3年目。お元気。病院のレシートを見せて「薬は一日20種類。毎月の注射が一本70万円。俺なんかにこんなにお金つかってていいのかと思うよ」と。答えに窮する。

一昨年、うつになり自殺未遂で救急搬送されたDさん。薬をかえたらみるみる回復。以前と同じように隣の92歳のEさんのめんどうをいろいろ見てくださっている。『ドリトル先生』の大ファン。「これ、持っていって」とりんごを私のカバンに入れてくださる。

転倒で骨折したFさん。ずいぶん回復。「実は私もひざが痛くて」と「痛い話」で盛り上がる。退任を告げると「あなたは話しやすかったんだけどねえ、ありがと」と涙ぐむ。「いえいえ、近所にいますんで」とこちらもうるっ。

階段を登り降りしながら、生老病死に耳を傾ける。これ、山伏修行か！

最初の頃、一生懸命に話を聞いた。心配もした。でも次にうかがうとほぼ同じ話だった。その次もまた。「できなくなっていくこと」を嘆きながらも、それぞれしぶとく、その人なりに生きていらっしゃることがわかってきた。ただ時々誰かに耳を傾けてほしいのだと気づき、肩の力が抜けた。緊急の対応が必要な場合もあるけれど、ほとんどは肯定も否定もせず受け止めるだけでよかった。効率とは無縁の時間の流れに徐々に心身が慣れていった。

齢の重ね方が素敵な方にも出会えた。Gさん。訪ねると「ありがとう」といつも笑顔。秋晴れの青い空、階段から見える上からの真っ赤な紅葉を一緒に眺めた。「特等席でしょ」。毎回、こんな風に日々を味わい、いろんな草木の話をしてくれた。聞きながら、以前読んだ、臨床心理学者の小沢牧子さんの、こんな言葉を思い出した。

「人間の手のひらは2つ。両手に持てる分量は決まっている。その手のひらに新しいものを持とうとすれば、その分いま持っている何かを捨てなければならない。（中略）おとなに向かって得てきたものをやがてまた失い、失ったものをふたたび手にするときがくる。老いのときだ」（『老いと幼なの言うことには』）

小沢さんは、一生を虹にたとえて、老いの時期は子どもの頃のように土に近づき、高い場所では見えなかったものが、また見えてくるのだという。

「ゆっくり歩くと、これまで気づかなかった道端の木の姿や花の色が目にとまる。（中略）手のひらから去ったもののあとに、新しい何かがやってきてそこを埋めていく。穏やかさや深さ。若さや速さが失われたと嘆くのは無理もないことだが、それだけではもったいない」（同）

「人生、下り坂最高！」（自転車の旅番組「こころ旅」での火野正平の名言）とまではまだまだ言えないが、老い（老後ではない）について考えるためのよい機会をいただいた3年だった。

——

「老眼になると、見えるものがある」のなら、それを楽しめるといいななんて思いながら、団地の階段をゆっくり降りた。

第6章

for《ために》から with《ともに》へ

「子どものために」からの転換

日本の子どもたちは、自尊感情が極めて低いという国際比較の調査結果がいくつも出ている。なぜだろうか。子どもたちのまわりは、おもちゃやゲーム・スマホから、塾や習い事まで、「子どものためのサービス」であふれかえっている。親は、さまざまなモノやサービスを子どもに与えてきた。しかし子どもは元気とはいえない。

かつて子どもが遊ぶ時間には、大人はいなかった。いまは四六時中誰かがいる。そのことが、子どもたちから「主導権」を奪っているのではないか。「今日はおもしろかった。明日もきっとおもしろいだろう」となるためには、傍らにいる大人のかかわり方を変える必要があるのではないか。「主導権」そして、「for（ために）からwith（ともに）へ」をキーワードに考えてみたい。

1　子どもが主役？

塾、おもちゃ、テレビ番組、ピアノ、習字、そろばん、英会話、スイミング、職業体験、テーマパーク、各種スポーツ教室、家庭教師……。そしてゲームとスマホ・タブレット。「子どものため」ないし「子ども向け」のサービスや商品は、いま子どもの24時間のすべてをおおいつくしていると言っても過言ではない。半世紀前の子どもたちの時間の過ごし方と、現代の子どもたちのそれの変わりようは、あまりに激しい。よかれと思って、大人は子どもにさまざまなもの・サービスを与える。しかし、子どもたちの表情はいっこうに晴れない。自尊感情は高まらない。このことをどう考えていけばいいのだろうか。

1　大人がつくる「こどもまつり」

私は地元の市内46カ所の学童保育所を運営するＮＰＯ法人の役員をしている（２０２２年５月まで理事。以降は相談役）。その法人の主催で、毎年秋に「こどもまつり」を開催してきた（２０２０年以降はコロナ禍で中止が続いている）。学童保育所を地域の人たちに知ってもらうことが目的で、40年以上前にはじめられた。

が、2017年から開催方法も内容もがらりと変えた。それまでは、各学童の保護者会がもちまわりで幹事となって、全学童保育所から保護者を動員して開かれてきた。地縁組織によくありがちだが、「前年踏襲」がつづき、結果、長年ほぼ同じような内容がつづいていた。

イベント当日は、動員された保護者が早朝7時に集合、ダンボール・迷路を作るというものだった。そして10時になるとやってきた子どもたちがその完成された迷路をくぐる。「木工コーナー」での作業も動いているのは、どちらかというとシニアのボランティアさん。子どもたちは見ているという場面も多かった。大人に悪気はないし、子どももそれなりに楽しんでいた。

しかし、何か違和感が残った。迷路を少しでもこわしたり大人の指示に従わなかったりして怒られる子がいる一方で、イベントが終わり撤収のための、迷路を壊している時の子どもたちのはじけた様子、さらに廃材として積み上げられたダンボールを使って勝手に遊ぶ子どもたちの姿が強く印象に残った[写真23]。他方でNPO法人事務局には、保護者の動員についての強い不満の声(負担感)が寄せられていた。

[写真23]

大人がつくったダンボール迷路を壊す子どもたちの楽しそうな姿。
廃材となったダンボールを使って遊ぶ姿が印象的だった

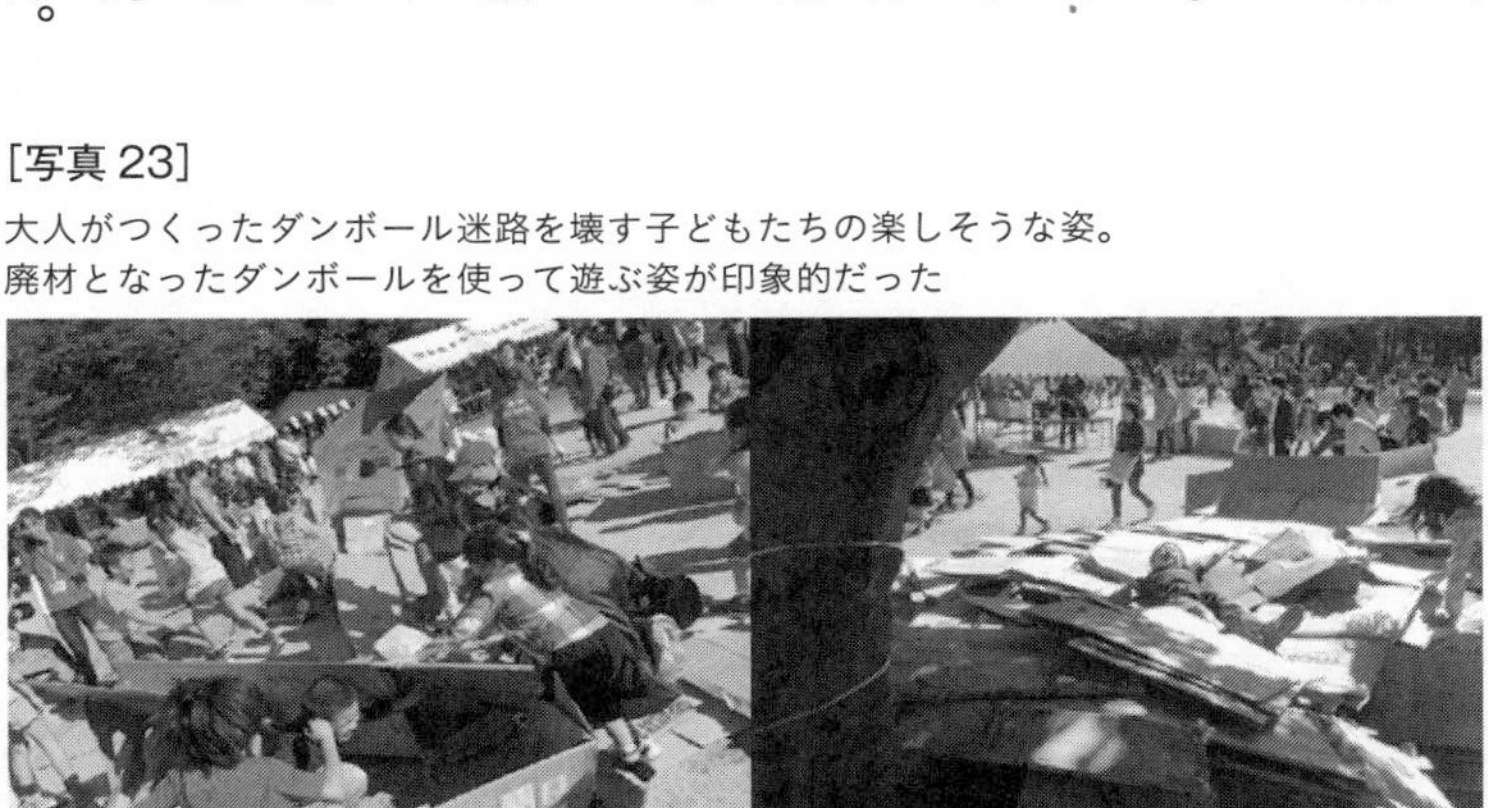

そこで翌年、これまでの同じやり方で続けるかどうかを法人内部で議論した。その際に、保護者で理事のお父さんから「どんなに小規模になっても有志でできることから始めてはどうか」という問題提起があり、長い議論の末、思い切って一切の動員をやめ、有志での開催とすることとした。そして「子どもが主役の遊びの場を一緒につくりませんか?」と人づてに声をかけ、保護者、職員ら20人が集まり実行委員会を結成。前例なし、すべてが手探りの「こどもまつり」がはじまった。

ゴミと化したダンボールで遊ぶ子どもたちのように、思わず心身が動き始めるためにはどんな環境があればいいのか、ひとつひとつ議論を重ねた。用意するのは素材と道具のみ、大人も子どもも主催者も来場者も、その日、そこに集った人で、一緒にとことん遊ぼう、そんな思いを込めて「くう!ねる!あそぶ!THEあそぶフェスタ」と名付けた。

会場は、市内をくまなく探し、巨大ショッピングセンターに隣接する公園に目をつけた。そこには小さい森があり、さらに隣接している建設中の道路の使用許可も取れそうだ。きっと何かが生まれる。私たちは、風船をつかって、手作りの巨大なパンダのアドバルーンをあげ買い物客を呼び寄せる計画を立てた。しかし、準備段階ではうまくあがらず、最後は「もう当日、来た人と一緒に工夫してみよう」ということになった。

とはいえ、本当に人は来てくれるだろうか……最後まで全くわからずどきどきだった。

そうして迎えた当日。朝から次々に親子がやってきてくれた[写真24]。

「よし！」皆で喜んだ。

公園ではダンボールで子どもたち自身がガムテープを使って、迷路や家など好き勝手につくり出した。森では、拾った枝や葉っぱで次々に「私たちの家」「俺たちの基地」がつくられていった。道路では、ろう石で思い思いの絵が描かれ、他方でモップを使うのがはじめてという小さな男の子が、ごしごしとラクガキを楽しそうに消していた。有志の保護者会による模擬店からは、焼きそばや豚汁のいい匂いがただよう。その隣にはこれまた有志の保護者会による「お化け屋敷」や子どもたちのお店も登場。こちらも大盛況だった。結局、予想を遥かに超え、１５００人以上の来場者があり、みな笑顔で一日を終えることができた。アドバルーンも、子どもたちに手伝ってもらっ

[写真 24]

て高く上げることができた。

後日、参加した保護者からこんなメールをいただいた。

「子どもはおもちゃを与えて遊ばせるものだと思っていました。でも、ただそこにあるもので遊んでいるだけなのに、楽しそうなわが子がいました。そこに親も入って一緒に遊ぶ事が、あれほど幸せだったとは目からウロコでした」

勢いにのって翌年は、市役所の駐車場をまるごと使って遊び場に変え、地元で大きな話題になった［写真25］。近隣のドラッグストア10店舗にご協力いただいて集めた3トントラック一杯のダンボールと、市の環境センターでもらった4トントラック一杯のけやきの落ち葉で、思いきり遊んだ。やはり2000人以上の参加者で賑わった。みんなで集めた50キロのどんぐりと人が入れるほど巨大な羽釜でどんぐりのお風呂をつくった。2人の男の子が、一日中楽しそうにお風呂屋さんをしてくれた。大人はお客さん。羽釜に入って、どんぐりに埋まってよろこんでいた。保護者会の有志の模擬店や子どもたちのお店も8店舗に増え、商売繁盛で元気なかけ声がとびかった。赤いカーペットをひいただけのステージでは、子どもたちのダンスがひろがり、市長が子どもたちと一緒にダンスを踊っていた。

通りがかりの方からはこんな声をもらった。

［写真25］

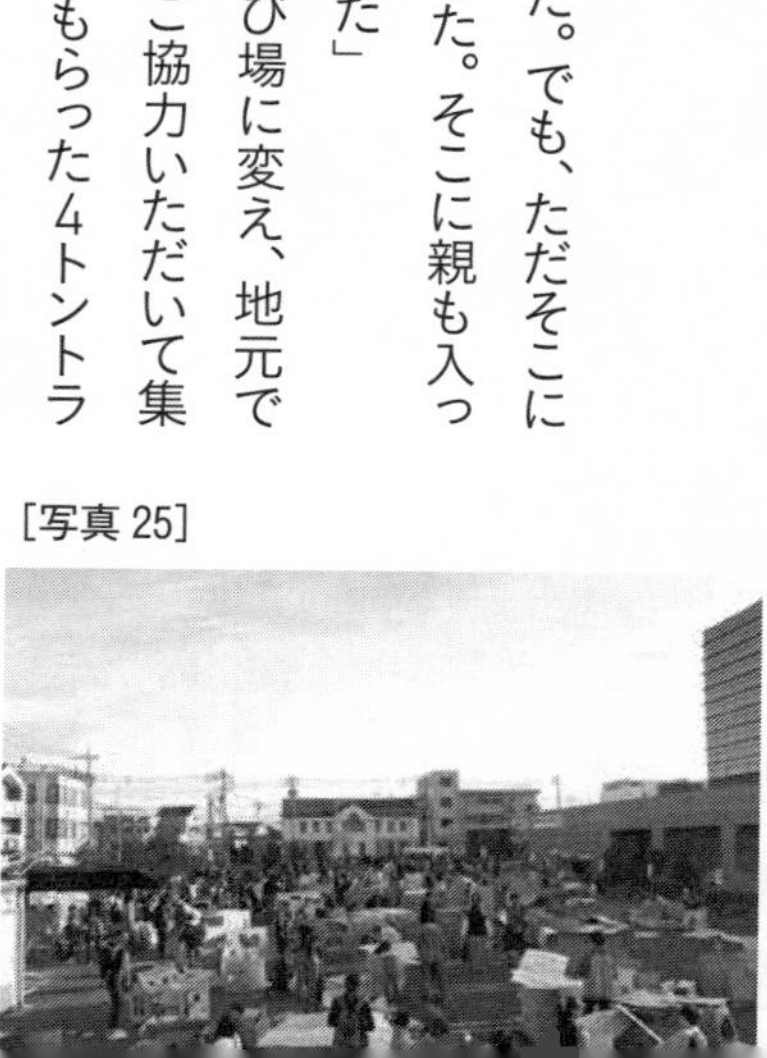

「これは前からやってるんですか？　子どもたちが喜んでいて、とてもよいですね～」

近隣に住む高齢の女性が家から出てきて、多くの子どもたちが楽しそうに遊んでいる姿に「自分も子どもから元気をもらえるのよ」と話してくださった。

また、後日、参加した市民から「子どもまつり、とっても楽しかったです、ぜひまたやってください、本当にありがとうございました」という電話が市役所にあった。普段、苦情ばかり寄せられるので、電話を受けた職員はとても喜んだという。

市長からも「来年も市役所でぜひ」との声をいただいた。

その翌年は、再び公園と森と道路をつかって開催。この年は、保護者に呼びかけて「コタツ」を持ち寄ってもらった。公園がコタツで埋まるなんともゆるい風景［写真26］。

市長も子どもたちも同じコタツにはいってみかんを食べていた。

「子どもの遊んでいる姿を見守っていたが、子どもだけで考えながら遊んでいた」「子どもたちが楽しそうに遊ぶ姿を見ていたお父さん、お母さん方の顔が幸せそうで、遊ぶことの大切さを実感した」などの声がスタッフから寄せられた。

②「有志でできることからやればいい」

〈遊ぶ〉（＝やってみる）は本来、売ることはもちろん、提供することさえできないものだ。

［写真26］

その場のいる人たち、あるいは環境との間で、応え合うなかから「生まれて」くるものだ。〈遊び〉は、頭で遊ぼうと思って（意識して）できるものではない。気づいたら身体が動いていたというものだ。そして、うまくいったりいかなかったり、苦労しながら工夫したりする、その時間が〈遊ぶ〉ということなのだ。そして、すべて終わってから、ふりかえって「ああ、おもしろかった、またやりたい」とそこではじめて言葉になる（意識する）。

ふりかえると、「有志でできることからやればいい」というあのお父さんの一言が、私たちを支えてくれていたような気がする。「もし失敗したら、失敗したね〜とみんなで笑えばいいよね」そう言い合える仲間の存在が「やってみよう」につながっていた。

なんにせよ変えることは悩みを生む。しかし、誰かとともに悩むことができれば、それは楽しさに変わる。

このイベントは、私たちの学童保育所が子どもたちとどんな毎日を過ごしているのかを、遊びの場づくりを通じて、広く市民に伝えていきたいと企画したものだ。遊びは、メニューではない。遊びは他者あるいは自然との関係性の中から生まれてくる。

子どもたちは今、毎日の暮らしの中でそんな時間を過ごせているだろうか。

私の住むまちでは、日々、集団や異年齢で、決められたプログラムやゲームなしで、思い思いに遊べていそうなのは、学童保育所の子どもたちだけだ。まちではほとんど子どもたちの姿を見ることはできない。たまに子どもの声がすると「うるさい！」と感じる住民もいる（たまに、だからそう感じやすい）。それが苦情となって市役所に届けられ、その結果、禁止のルールが増える。

子どもは本来、うるさくて、めんどくさくて、でも、やさしくておもしろいものだ。しかし、大人と子どもの関係はこの半世紀に大きく変わってしまった。その結果、子どもたちは、自分で自分の時間のありようを決める権利をなくしてしまったのではないだろうか。

次に、この半世紀の間に大人と子どもの間でどんな変化があったのかを考えてみたい。

2 「主導権」の視点で子どもの時間を考える

以前、朝日新聞の鷲田清一の連載『折々のことば』に建築家・安藤忠雄の言葉が紹介されていた。

今の子供たちの最大の不幸は、日常に自分たちの意思で何かが出来る、余白の時間と場所を持てないことだ。（安藤忠雄）

◇

自立心を育もうと言いながら、大人たちは保護という名目で、危なそうなものを駆除して回る。そのことで子供たちは緊張感も工夫の喜びも経験できなくなった。安全と経済一辺倒の戦後社会が、子供たちから自己育成と自己管理の機会、つまりは「放課後」と「空き地」を奪ってきたと、建築家は憂う。著書「建築家　安藤忠雄」から。

（鷲田清一　朝日新聞　２０１７年３月19日）

国際比較の調査で日本の子どもたちの自尊感情が、とても低いことは、よく知られている。そうなってしまう背景に何があるのかを、安藤の言葉から考えてみたい。

＊　今を生きる若者の意識～国際比較からみえてくるもの～ https://www8.cao.go.jp/youth/whitepaper/h26gaiyou/tokushu.html

安藤のいう「日常に自分たちの意思で何かが出来る」について、「その場に大人がいるかいないか」と「その場の主導権が誰にあるか」という視点で、その変遷と、これからこうあることができないかという未来について私なりに図示を試みた［図版18］。

① 「子どもの時間」のこれまでとこれから

I　むかし～怪我と弁当は自分持ち

かつての子どもの一日はどんな時間だっただろうか。Cは遊ぶ時間。基本、大人はいない。子

〜学校誕生から高度成長時代まで

Iむかし

		その場に大人が	
		いない	いる
主導権が	大人	A	学校 B
	子ども	C 「放課後」等	D

[図版18]

■CD＝子どもが主導権を持てている時間

やるやらないを決めるのは私。自分にとって「おもしろいかどうか」(意味がありそうかどうか)が基準。時に失敗し、痛い思いはする。しかし、同時にリスクを負い、結果を引き受けることが、自由につながることを知る時間。自分の行動の結果を、自分で負う、という自覚が生まれる。世界は自分次第、という当事者感覚を持てる。 私の人生を生きているという感覚が持てる。他者とぶつかることで、他者とともに生きることを学ぶ。

■AB＝子どもが主導権を持てていない時間

良し悪しを大人が決める時間。その時間にうめつくされると「他者に評価される」自己像を内面化する。世界はすでにできあがっており、自分なりにいじることができない。責任は自分では負えない。自分の行動の結果を誰かのせいにしないと生きていけない。私の人生を生きているという感覚がもちにくい。他者とぶつかることができず、良し悪しはコミュニケーションの中の合意ではなく、他の誰かの決めたルールや判断にゆだねている。

どもだけの時間。しかし大人は、(働きつつ)近くにはいる。子どもたちは、善悪よりも「おもしろそう」を優先し、危険(リスク)は自分で精一杯考えた上で、まずやりたいことをする(「やらかす」)。そして、大人に見つかりしかられる。つまり、

①子どもはすでにもうやってしまっていて、

②そのあと大人が登場する

という順番。

大人が、べったり隣りにいないことがポイント。つまり①と②に時間差が生まれる。ここに子どもの「ワクワク」「ドキドキ」が生息していたのではないだろうか。遊びは答えが最初からない時にしか生まれない。とすると結果が予測できる大人がいないほうが、当の子どもにとっては、おもしろい時間になる。

他方、私たちがもっている「子どもの近くにいる大人」のイメージは、Bの時間での「させる大人(させて評価する大人)」と、Cの時間での「しかる大人」(つまり、従来型の学校の先生モデル＋近所の怒るおやじモデル)かのどちらか、ということになる。

もちろん、困った時に助けてくれる大人も、声を聞いてくれるやさしい大人もいた。けれど、いずれにせよ、つきっきりではない。子どものケガも、事後に誰かに助けてもらうと、そこで交わされる言葉は、「ありがとう」だった。いま、預かりをともなう場所(保育園、幼稚園、学校、学童等)にい

1970's（都市）or 1980's（田舎）～現在

II いま

		その場に大人が	
		いない	いる
主導権が	大人	A ゲーム？	B （大人が「指導」し、「評価」する場、「学校的」な場所が拡大）
	子ども	C	D

ゲームは、プログラム自体をいじることはできず、次々に新しいソフトを提供することで、依存状態をつくりだすことができるという意味では、子どもが主導権を握っている時間といえるか疑問に感じるが、他方で、コミュニケーションのツール（道具）としての意味合いで考えればまた違った解釈も可能でもある。

［図版19］

る大人の言うセリフ「ケガをさせてもうしわけありません」ではなかった。怪我と弁当は自分持ちだったのだ。

他方で、子どもたちだけの世界は、時にとりかえしのつかない状態を生んでいた。その典型例が子どもだけで遊ぶ時の川や池での水死だ。ゆえに単純にCの時間が良いと言いたいのではない。なにか事件が起こるたびにルールと大人の目が増していった。

Ⅱ いま～「子どものために」主導権は大人

高度成長下、システム化（管理社会化）・産業化（「お客様」化）の中で、子どもの傍らにはいつも大人がいるようになった。結果、大人が主導権を握る時間が徐々に拡大。「子どものため」あるいは「教育」の名のもと、気づかぬうちに「主導権は大人」の時間が増殖。大人の都合（商売や管理）が結果として優先される社会になった［図版19］。

若い人たちが自分の意見や感情を表現しなくなっている（結果、他者との関係づくりがむずかしくなっている）と言われている背景にあるのは、幼少期から常に大人の評価の目線がとなりにあるという時間ばかりで過ごしてきたからではないだろうか。

現在、子どもの頃すでにこの状態だった世代（1980年代～が子ども時代）が、親になり、大人が主導権を持つBの時間は拡大中。結果、自尊感情を持てず、不安、イライラする子どもが続出。世界でもっとも憂鬱な若者が多い社会、あるいは、「結果がわからないことについて、『やってみよう』と思う若者」が少ない社会となっている。

こうした大人と子どもの関係は、人類史の中でもほんの最近、この50年ばかりだと言えるだろう。そのはじめての体験に、どう対応していいかとまどっている、というのが現状ではないだろうか。

Ⅲ　これから？　～大人はいるが、子どもが主導の時間

ではDの時間の「子どもの傍らにいる大人」のイメージを作り直すことは可能だろうか。大人が子どもの傍らにいるが、主導権は子どもという時間。子どもだけがいるのではなく、大人と子

Ⅲ これから		その場に大人が	
		いない	いる
主導権が	大人	A	B
	子ども	まち全体が遊び／学びの場に C	ファシリテーターがいる学びの場 プレイワーカーがいる遊びの場 D

大人はいるが、子どもが主導の時間に

［図版20］

どもが協働でつくる場［図版20］。

具体的に言うと、学びの場にはファシリテーター。遊びの場にはプレイワーカー。大人が傍らにいるからこそ、できる場づくりがあるのではないか。また、プレイ（ＰＬＡＹ）という意味では、スポーツや芸術などのコーチングなども含まれるだろう。監督が「どなってやらせる」のではなく、きちんとコーチがコーチングをしているクラブなどもここに含まれる。それがあたりまえになれば、子どもの自尊感情はもっと高まるのではないか。やらされたではなく、自分がした、という気持ちがもてる。その日その子がもっている力を全部出しきって、「今日もおもしろかった」と言って、ふとんに入れる。

○「学びの場にファシリテーター」について

現在、教室にファシリテーションを取り入れる動きは少しずつだが、広がりつつある。たとえば、岩瀬直樹（現在は、軽井沢風越学園校長）の公立小学校での実践の記録『クラスづくりの極意──ぼくら、先生なしでも大丈夫だよ』（岩瀬直樹著　農文協2011）には、子どもたちにやらせるのではなく、信頼してまかせていくことで、子どもたちが教室の主役になっていく様子が具体的に描かれている。教員がファシリテーターとして動く時、子どもたちに変化が起こる（変化というより、子どもたちが本来もっている主体性が、大人にじゃまされることなく表に出てくるといったほうが正確なのかもしれない）。近年、導入が進められているアクティブラーニングは、まさに教室にファシリテーションを入れ、一方的な知識の伝達ではなく、学びの主人公である子どもたちが、学びのプロセスそのものを、一人で、また他者との協働作業を通じて展開していくことを目指している。

○「遊びの場にプレイワーカー」について

プレイワーカーのいる遊びの場の例としては、プレーパーク（冒険遊び場）がある。プレーパークには、プレーリーダーと呼ばれる専門（有給）のスタッフや、世話人と呼ばれる主に運営にかかわるボランティアがいる。全国400カ所で、定期・不定期・常設さまざまな形で開催されている。1979年に世田谷の市民によってつくられた羽根木プレーパークが全国最初の常設のプレーパークだが、当時、都市化の進行で図版19の状況に気づいた大人たちが、手探りで大人のいる遊び場をつくりだしたのだと解釈できる。また とくにプレイワーカーと名乗ってはいないが、子どもたちが信頼している児童館の職員、幼稚園の先生、保育園の保育士、学童保育の支援員は、プレイワーカーとしての仕事をしてきているといえるのではないだろうか。

○コーチングについて（事例）

ＮＨＫの番組『奇跡のレッスン　ハンドボール編』では、デンマークの世界的なハンドボールのコーチが、東京の中学校にやってくる。鬼監督のもとで萎縮しているハンドボール部の少年たちが、コーチの指導のもと、みるみる表情を変えていく様子が描かれている。監督の顔色をうかがい、自分の意見をほとんど言わない選手たちを、コーチはさまざまなワークを提案しながらほぐす。そして、選手同士のコミュニケーションを促していく。聞きたいことがあったら質問をすることを呼びかける。選手が互いに高めあっていくとはどういうことかを練習で体験していく。どなったり、しごいたりはもちろんない。命令してさせるもない。徐々に選手は自分で自分の課題は何かを考えるようになる。第1章で述べた「〈安心〉を保障し、〈工夫の余地〉をつくる」とこんなにも選手は変わるものなのかと驚く。一週間後、強豪相手にいきいきとプレーする選手たちの姿。試合には負けたが、一挙手一投足ごとに互いにたたえ、はげましあう、その楽しそうな様子に、相手チームの監督が「まるで向こうが勝ったかのようですね」との言葉を残す（ｙｏｕｔｕｂｅに動画あり）。

2 自由の感触を得られる時間を

哲学者の西研《にしけん》は、著書（『学びのきほん　しあわせの哲学』ＮＨＫ出版）で次の3つの行動を通じて人は自由の感触を得ると述べている。

①探索（新しい世界や興味のある世界にふれる）
②創造（エネルギーを投入して何かをつくりだそうとする）
③成長（これまでできなかったことができるようになる）

そして、「このような自由の感覚を発揮していきている時、おのずと、自分が自分の人生をコントロールしている主役であるという感覚が出てきます」として、18世紀の哲学者ルソーはこの感覚のことを「自分自身の主人であること」と述べたと紹介している。西がいう「自由に生きる力」を、かつての子どもたちは主に図版18のCの時間、学校外で遊びと労働の中で感じとっていった。答えが最初からないからこそ、結果的に主体的でいられたのではないだろうか（なろうとしてそうなったわけではないことに留意したい）。

Dの時間、子ども自身があたかも自分の意思でそれをおこなったかのようにまわりの大人がしむける、という風にも見える。大人の枠組みの中の話でもある（教育は本来そういうものだともいえるが）。その意味で、設定された環境などぶちこわす、Cの時間を、少しでも多く保障していきたい。本来、子どもは子ども同士で、まちじゅうで勝手に遊ぶものであってほしい。だからこそ、まちの中に、子どもにとって信頼できる大人がいる場所Dを点在させていきたい。CとDの場所(時間)が、混在するそんな地域を子どもたちは必要としているといえるのではないだろうか。

念のため書いておくが、図版18のABの時間を、すべてなくせといってるわけではない。大人には大人の都合がある。大人の都合が優先されるべき場面はもちろんある。しかし、現状は、あまりにも、大人が主導し、大人が評価する時間が、多すぎるのではないか。子どものためといいながら、子どもが主役になっていないことが多すぎる。

子どものための施設が増えれば増えるほど、子どもは自尊感情を持ちにくくなっていった。それがこの半世紀の大人と子どもの関係の歴史ではなかったのだろうか。だとしたら、いまある施設やサービスのありようを、一度根本から見直す＝「誰が主導権をもっているのか」という視点で問い直すべきなのではないだろうか。

この認識を社会的な共通理解にしていけないものだろうか。

「先生、この大縄跳びがおわったら遊んでいい？」という幼稚園児の言葉がある。

子どもの傍らにいる大人のありようを考えてほしい、という訴えに私には聞こえる。

さて、以上の論考は、ある学童保育所の先生(支援員)に大学の授業のゲスト出演してもらった際に、その先生が「主導権は誰にあるか」という言葉で自らの仕事を説明しようと試みてくれたことにヒントを得て書いてみたものだ。その先生は、とある地方都市で育っていて、その地元のNPO「子ども劇場」の大人たちと深くつきあう中高生時代を過ごしてきたという。「好きなことを、仲間と思い切りやらせてもらった」と話す。その時の大人のイメージを学童の仕事に生かしてくれていたのだろう。実は、大人が傍らにいるが、子どもが主体であるという時間の過ごし方について、あるいは、その支え方についての模索は、長い間、一部の保育園、幼稚園などでは試みられてきた。保育とはそもそもそのような営みだ、と。その営みによって、長い人生の礎となる時期を過ごせた子どもたちがいる。しかし、その子たちは、その時大人たちがどう動いていたか(どう見守っていたか)の記憶(自覚)は持ちにくい。その意味で、幼少期と並んで、学童期から中高生の時期に、大人たちにどう対応されたかは重要になるのではないだろうか。相対的に自分が弱い立場におかれている時に、強い立場の大人たちにきちんと人として尊重された記憶をもつことができたら、それは世代間での連鎖、広がりの可能性を持つ。ユースワークとよばれる10代20代の支援はこの意味でもとても重要だ。それは彼らの今を支えると同時に、次世代の子どもたち、青年たちを守ることにつながる。

実は、学童保育の職員募集の説明をする際に、しばしば「学童の支援員の仕事は、子どもを点数づける学校の先生のようなかかわり方ではない」という言い方をしてしまう時がある。しかし、本来、この言い方はおかしい。どこの場所、たとえば学校であっても、子どもの主導権を意識した大人がその場の運営者であってほしい。先生が「がんばる方向」を少し変えていけないものだろうかと心から願う。

とはいえ、そうなるためには、学校をとりまく大人たち、親も地域の人たちの意識も一緒に変わっていく必要がある。学校をとりまく大人（保護者・地域の大人）たちも、自分の体験した学校の先生のイメージで、子どもたちを指導してくれと学校に要求したりする。ここでは、自分たちが子どもの時は、遊びの時間は大人から解放されていた（主導権を持てていた）こと、今の子どもたちにそれが保障できていないことは認識されていない。それゆえ、かつての学校の先生とは違う大人の子どもへのかかわり方もあるということを、知らない。結果「（かつての）学校のような」大人のかかわりが再生産されていく。時間がかかったとしても、さまざまな方法で共有していくしかない。

子どもをとりまく環境は、ゆっくりとしか変わってはいかないだろう。でも、変えていく方向を少しでも多くの大人、とくに子どもの傍らにいる大人と共有していきたい。「ダンボール迷路を大人がつくって子どもに提供するのが、子どものためなのか？」という疑問を持つ人が一人でも増えてほしい。

前述した建築家・安藤の「日常に自分たちの意思で何かが出来る時間を」という目標ならば、学校の先生も、学童の支援員も、保育士も、プレーパークのワーカーも、同じ方向を向けるはずだ。

自ら考えることは本来楽しいことであり、そこでは、学びと遊びは重なる（そして、ずっとあとに結果としてふりかえると、その間「成長した」ということになっているはずだ）。

まず、子どもたちの「今日の時間」をだいじにすることからはじめたい。大人になるために子どもたちは生きているわけではない。今日の結果として明日があるだけだ。大人が子どもに「明日のためにがまんしろ」と言い続けているうちに、嫌なこと、納得できないことがあっても、一人でがまんする・誰かのせいにする、という対処方法だけを学んだ大人を量産してしまったのではないだろうか。

3　大人が子どもの傍らにいることの意味

学童の先生からしばしばこんな報告を耳にする。

「保護者の方から『うちの子、休日で私が家にいるのに、学童行きたいっていうんですよ』と言ってもらってほんとにうれしかったです」

「明日は、学校ないからつまんない」という言葉が子どもたちの口から出てくる学校にしていきたいものだ。「先生」と呼ばれる大人の方々と一緒に。時間はかかっても、少しずつでも。

1 「支援する」とは何をすることなのか？

役員をしている学童を運営しているNPO法人（NPO法人あげお学童クラブ）で、3年をかけて法人としての「育成指針」をつくった。（2017〜2021年。http://ageogakudou.org/concept）。育成支援とは何をすることなのかを、登所、あそび、おやつ、宿題と場面ごとにどんな対応が必要なのかをまとめたもので、長年、口頭伝承でしか引き継がれてこなかった保育（学童では「育成支援」という）の私たちなりの言語化を試みたものだった対話の場を何度もひらき、こんな場面はどうしている？　それをする時はどんな時？　しない時もあるの？　なにを大切にしたいからそうしているの？　そう先生たちに問いかけた。根掘り葉掘り、極力具体的に聞いた。

一年ほどかけて、指針全体の軸になる言葉として、このNPO法人でめざしているものを「生き活木《いきき》」という絵にまとめた［図版21］。まず、子ども一人ひとりに「自己肯定感」が育まれることを「根」と表現した。この根を支える土壌作りを整えるのが大人（支援員）。大人がなすべき支援とは、なにより、子どもの安心を保障することだとした。

そして、一人ひとりの子どもに「主体性」が育まれることを「幹」とした。「生き活木」の本体とも言える部分だ。大人による支援は、子ども自身が自ら挑戦・工夫できる環境を整えることで、具体的には、自分で考えてみること・工夫ができること・やってみることで、まとめて「挑戦と失敗をする機会が保障されること」とした。

支援者や親を含む大人は成果としての「実」に目が行きがちだけれど、この「根」と「幹」が育つことこそが大事であることを確認した。日光(好奇心や共感)も雨や風(失敗)もすべてが「生き活木」を育む栄養になる。葉っぱや花、実はその時どきで変化するもので、失敗を含めて長い目で見守ることで根や幹が育つ。この「根」と「幹」を育てることが育成支援であると、確認していった。

そして、「ともに生きることを学べる場にすること」、「人とかかわることは、めんどうくさいけど面白い」と子どもたちが感じることができるような場にすることを、育成支援の最終目標とした。

この理念にもとづき、私たちの組織として具体的にどんなふうに子どもとかかわることを目指しているのか、登所、遊び、おやつ、かたづけ、お迎え、行事、ケンカなど、ひとつひとつの場面について、言葉にしていった。たとえば、宿題の場面については、次のように整理した。

子どもたちは宿題をかかえて、学校から帰ってくる。支援員は保護者から「学童で宿題を終わらせてきてほしい」と強く要望されることが多い。では、そこで時間を決めて宿題を「やらせる」ことが指導員の仕事なのだろうか?という問いが生まれる。心ある支援員ほど、放課後は子どもの遊びの時間、少しでもその時間を確保したい、と悩む。

ベテラン支援員に詳しく話を聞くと、1年生のうちは、宿題の量も少なく時間の余裕も多少あるので、習慣付けのために登所したらすぐにやるように促すが、2年生3年生となってきたら、

葉・花・実
その時々で
目に見える結果
できた!!
生《い》き活《い》木《き》
やった!!
成功!!
日光
刺激
好奇心
誘惑
共感
怒り
挑発
風
雨
大人は、実（結果）に目が行きがちですが、
子どもにとって大切なのは、
幹（主体性）と
根（自己肯定感）が育つことです。
学童で
大事に
したいこと
葉・花・実は、そのときどきで変化するもの。
失敗を含め、長い目で見守ることで、幹や根が育ちます。
幹
主体性
やってみたい
できなかった
失敗…
栄養になる
土壌＝環境
安心感（「ここにいてもいいんだ」という気持ち）。無条件に存在を認められること。否定的に見られないこと。尊重されていると感じられること、一方的に評価されないこと、失敗しても大丈夫と思えること。信頼する大人や、共感してくれる仲間がいることありのままの自分がまず肯定されていると感じられているということ、など。
この土壌を作り、整え、よりよくするのが大人（支援員）です。
保護者とともに
根
自己肯定感
自分は大切と思えること
めんどくさいけど
生きることを楽しめる子に　～人とかかわることは、面白い～
・生きるとは成長すること。
・結果として実がなる（～ができる）ことだけが楽しいのではなく、実がつかず（～ができなくて）、花で終わることもあるが、成長する全ての過程を楽しめる子に育ってほしい。

［図版21］　出典：特定非営利活動法人あげお学童クラブの会「育成支援の指針」
http://ageogakudou.org/concept

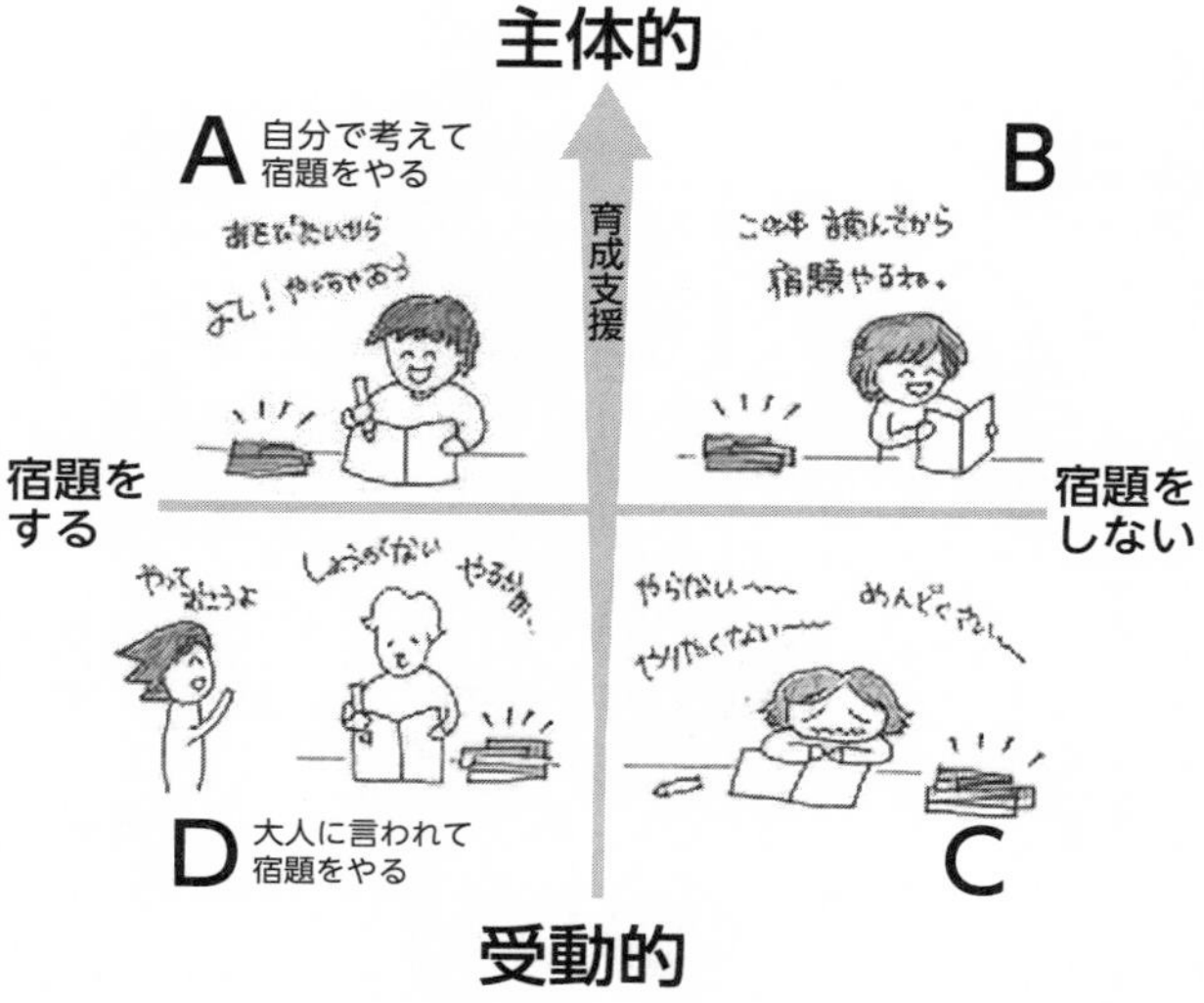
主体的
A 自分で考えて宿題をやる
B
育成支援
この本読んでから
宿題やるね。
宿題をする
宿題をしない
しょうがない
やらないー
D 大人に言われて宿題をやる
C
受動的

［図版 22］　出典：特定非営利活動法人あげお学童クラブの会「育成支援の指針」
http://ageogakudou.org/concept

子どもに「いつ宿題やる？」と問うのだそうだ。子どもとのやりとりを通じて、「子ども自身がきめていくことをサポートする」という。

そこで、横軸に宿題を「する／しない」、縦軸に「自分で決める／他人が決める」をおいてみると図版22のようになった。右にいる子が左になることが育成支援ではない。下にいる子が上にいけるように適切な環境（声掛け含む）を用意するのが育成支援だということで話はまとまった（Bは、本来は、「宿題をしない」と書くべきだが、周囲の過剰な反発を考慮し、図のような記述にしているのだが……）。

こうして、ひとつひとつの場面を検証し、よい対応（「生き活木」に近づく）とはどのようなことをすることなのかを確認していった。

現場には、さまざなスキルがある。「大人が子どもを管理するためのスキル」もある。他方「子どもが自分たちで自分たちの場所をつくっていく方向に促すスキル」もある。前者はたとえば、「ルールをきめて違反する子を叱責する」などが該当する。学校では一般的に見られるスキルで、その結果、とにかく大人の指示語が多くなる。後者は、最終的には子ども自身の自治につながっていく。ゆえに大人の声は少なくなっていく。「主導権を子ども集団にもどす」ためのスキルということができる。

2 チョコのない行事はしない

もうひとつ例をあげる。

保育園、幼稚園、学校……おおよそ子どもを預かる施設にかかせないものとされているのが、「行事」だ。これがくせもの。年間行事がどう扱われているかは、その場で、大人と子どもの関係がどうであるかを端的に示してくれる。

学童保育の先生たちによると、夏休みは長時間保育で大変だが、子どもとの対応については、子どもたちが比較的落ち着いているので、大きなトラブルは少ない。ところが、9月になって、子どもたちが学校に行くようになると、とたんに荒れる傾向が出てくるそうだ。これは、運動会に備えて、体育の時間などが、そのための準備になり、学校の先生たちがピリピリするからだという。息抜きであった体育が、遊戯の練習にかわり、軍隊式の入場行進の練習が繰り返され……つまり、大人の指示語が増える、指示通りにやらねばいけない時間が増える。そのストレスをかかえて子どもたちが学童に帰ってくる。だから穏やかではない。学童に帰ってきたら、「もうこれ以上大人の指示は聞かないぞ」とでもいうかのような態度になる子もいる。前節で述べた主導権という視点からすると、学校行事(その準備期間)は、大人の支配(主導権は大人)という側面がより強まりやすい場面だ。行事には、「子どもたちをきちんと指導していますよ」ということを、学校が保護者、地域に「見せる」ための機会という側面がある。運動会などで本部テントにすわっている地域の有力者の目線「子どもたち、ピシッとしていていいね」などの声が重要な評価基準になっている。社会の多数派の価値観が如実に反映するのが学校という場だ。いちいち意味を問うては成り立たない、とにかくやるしかない。

では、学童保育では行事をどうとらえるべきか、学童の先生たちとなんども議論した。ある先生は、「極力、行事は減らしたいと思っています」とのことだった。その理由を聞くと、「子どもたちがなるべく自由に過ごすのが学童保育だと思っている(指示語はなるべく避けたい)」とのこと。遊ぶ=自分が主導権を持つ時間、という視点から見ればなるほどとうなずける話だった。ところが、その先生と話しているうちに、「でもこの間は、ハロウィンやりました」と笑う。その経緯をきくと、「子

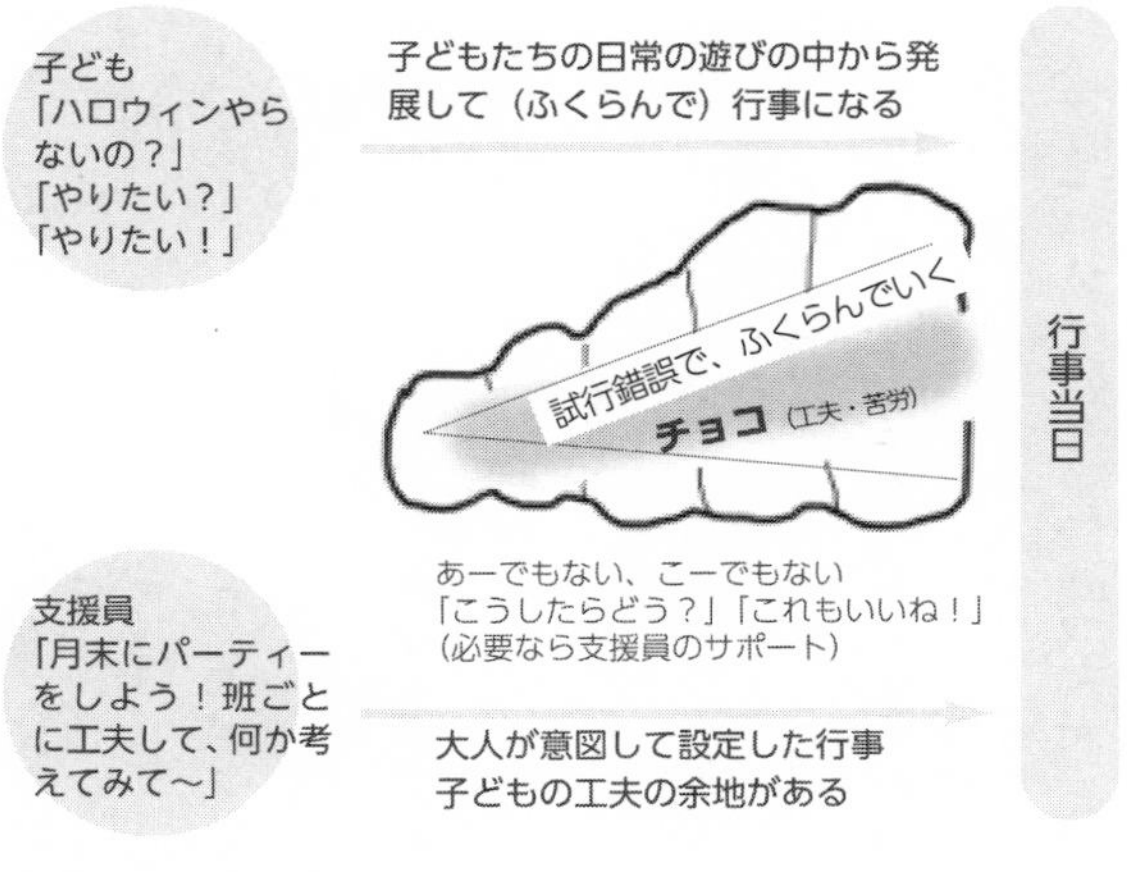
子ども
「ハロウィンやらないの?」
「やりたい?」
「やりたい!」
子どもたちの日常の遊びの中から発展して(ふくらんで)行事になる
試行錯誤で、ふくらんでいく
チョコ(工夫・苦労)
行事当日
支援員
「月末にパーティーをしよう!班ごとに工夫して、何か考えてみて~」
あーでもない、こーでもない
「こうしたらどう?」「これもいいね!」
(必要なら支援員のサポート)
大人が意図して設定した行事
子どもの工夫の余地がある

◉行事はチョココロネ
子どもの発案、大人の発案どちらも、**チョコ**=子ども自身の工夫(苦労)の時間があるかどうかがポイント。なければその行事は育成支援として必要なのかどうかを再考しましょう。

[図版 23]　出典:特定非営利活動法人あげお学童クラブの会「育成支援の指針」
http://ageogakudou.org/concept

どもたちと遊んでいて、『うちの学童はハロウィンやんないの?』と言ってきたんです。で、『やりたいの?』と聞いたら、何人かの子が『やりたい!』っていうので、ハロウィンまであと一週間しかなかったのですが、『じゃ、一週間でできるハロウインをみんなでつくろう!』ってなったんです」とのことだった。また別の先生に聞いたら、「うちは、大人から働きかけて行事をやる時もありますよ」とのことだった。詳しく聞くと、お楽しみ会を設定して、そこでなにをするかを異学年で構成されたグループごとに相談をして準備していくとのこと。異学年の縦の関係をつくっていきたい時などに使うそうだ。ただし、その時には、支援員は、グループでの準備が楽しくできるように、きちんとサポートはする、とのことだった。

そこでこの2つの事例をもとに行事の意味についてあらためて議論してできたのが図版23だ。子ども発であっても、大人の呼びかけであっても、行事の当日にいたるまでに「あーでもない、こーでもない」という苦労と「こうしたらどう?」「ああしたらどう?」という工夫の余地があること。つまり、主体的な参加があることがだいじなのではないか。そういうやりとりの中でだんだんと膨らんでいったその結果が行事(当日)ということだった。つまり、その当日までのプロセスそのものが遊びになっているかどうか、ということだった。当日までの試行錯誤の時間(それはうまくいかない苦労と、なんとか思うような結果を得たいという工夫)をふりかえって「あー楽しかった」と言えればいいのではないか、ということだ。そして、その苦労と工夫を〝チョコ〟に見立てて、「行事はチョココロネ、行事をするならチョコ(主体的な参加=苦労と工夫)がなければいけない。〝チョコ〟がないようなら行事そのものをやる意味がない。指示語がふえるだけならやめたほうがいい」という結論に至った。

さらに、具体的に横に立つ大人(支援員)が行う支援とはどうでなければならないのかを少しデフォルメしてマンガにして表現した[図版24]。

実は、法人の運営する学童のなかには行事をたくさんやるという学童もあった。その先生は、

[図版24]　出典：特定非営利活動法人あげお学童クラブの会「育成支援の指針」
http://ageogakudou.org/concept

クリスマス会なども、隠れて残業をしてでも壁の飾りつけをするとか、ダンボール迷路を自分でつくってしまうという先生だった。なぜそうするのかと聞くと、「子どもたちのために」と。しかし、前述の通り、子どもが安心して、主体的に今日を生きることができること、子どもによりそうというのは、図の上2つの先生のように子どもに一方的にさせることでもないし、またしてあげるということでもない。この指針をつくる議論のなかで、そのことを確認していくことができた。〝チョコ〟もないままに、「子どものために(for子ども)」は、子どもたちのエンパワメントにつながっているだろうか、子どもたちの「今日はおもしろかった、明日もなにかあるかも」という希望につながっているだろうか、と。

こうして時間をかけて、ひとつずつの場面を整理していった。それまで、「あの先生の保育はあの先生の保育、口出しはできない」という空気が組織内にあったのだが、方向性を決め、場面ごとにそれは違うのではないかとお互いに言えるようになっていった。毎日のふりかえりの際の、基本的な視点となっていった。

3 「子どもの自治には3年かかる」

この『保育指針』の「あとがき」で、私は、次のような一文を寄せた。長くなるが、以下に引用する。

この育成の指針を作成する中で、経験年数を重ねた職員から、しばしばこんな声を耳にしました。「落ち着いた学童になるのに少なくとも3年はかかります」と。

詳しく聞くと、以下のような内容でした。

○3年前の子どもたちの様子

・子どもたちは、何をするにも支援員(大人)の許可を求めてきた。
・トラブルがあると支援員に解決を求めたり、言いつけに来る子も多かった。

・中学年の子でも、他の子のことは視野にはいらず、自分のことばかりを主張する子が目立ち、いらいらしている子も多かった。
・仲のよい子としか遊んでいない。小さなグループがたくさん。
・大人のことを信用しておらず、大人の言葉に耳を傾けることがない。
・行事などは、指示がないとやらないか、または、「前の先生はやってくれたのに、どうしてやってくれないの？」と言ったりした。
・(以前からいる非常勤職員に聞くと)強い支援員(前任)がいるときは静かだが、その支援員が休みの日は、荒れることが多かった。

○3年後の現在

・子どもたちは生活の流れを把握しているので、大人が声を張り上げるようなことはほとんどない。
・どの子も、特定の子だけではなく、どの子とも遊んでいる。
・支援員が前にたつと、自然とみな耳を傾けてくれる(自分たちにとって意味がある言葉を話すということを知っているからだろう)。
・行事も何をするのかは、自分たち自身で考えるものだと思っていて、日常の遊びの中からアイデアが生まれてくる。

・中・高学年の子が、自然なかたちで、低学年の子のサポートをしている。ケンカがあっても、仲裁に入り、両方の言い分を聴いていたりする。

こうした議論を重ねていくうちに、やはり支援員が子どもたちのモデルになっているのではないか、ということに思い至りました。支援員のふるまいを、子どもたちはよく見ています。たとえば、ケンカがあったら両者からはなしを聞く姿。誰もが居やすいような場にしようと配慮する姿。その姿をモデルとして、他者とのつきあい方を学んでいきます。自分の意見も無視されることはない、という経験が、他人の意見を無視しないという姿勢になっていきます。問題行動を起こしても、どうしたかったのかと聞かれ、どうすればよかったのかと一緒に考えてくれることで、問題行動以外の方法で自分の気持ちを伝えることができるようになっていきます。この冊子の各ページに記したように、大人が子どもたちを、ひとりの人として尊重すること。時間も手間もかかるけれど、このことを丁寧に積み重ねていく。すると、子どもたちも同じように他の子を尊重するようになっていきます。高学年に尊重してもらった低学年の子どもたちが、やがて高学年になったときに同じことをまた低学年にしていく。「落ちついた学童」とは、そんな他者を尊重する気持ちが循環している状態であり、子どもの自治とはこのことなのではないでしょうか。冒

頭の「3年かかる」の意味はこのことなのではないか、と。（中略）
細かなスキルは（この冊子には）記していません。それは日々の保育の中で、互いにもちより、学び合って、実践し、身につけていくものです。一緒に、学び合っていきましょう。

もちろん、現場の支援員の努力だけでここに書いたような「適切な育成支援」ができるわけではない。たとえば、在籍児童が規定より大幅に多い大規模であったり、園庭がないなど、物理的に困難な環境であったり、組織の規模の拡張や労働条件がまだまだ厳しく離職者が出ると短期間の異動があるなど、実際は安定した保育ができる環境とはほど遠い現実もある。それゆえ、この指針にも「質のよい育成支援は、法人全体として取り組む保育環境の改善と、日々の支援員の丁寧な取り組みの両方があって、はじめて実現していけることです。その現実は踏まえた上で、この冊子は、育成支援の実践として、私たちがどこに向かって保育をすすめていくのかを示しました」と記した。

4 放課後に子どものとなりに大人がいることの意味

この学童保育の指針をまとめながら、あらためて考えたことは、どこに向かって保育・教育をすすめていくのかということだ。これは、一法人だけの問題ではない。私たちの大人ひとりひとりの問題、つまりは社会の価値観の問題だ。そうでなければ、「子どものための場所」が激増しているにもかかわらず、子どもの自尊感情や自己肯定感は低くなる一方、という現実の説明がつかない。

とはいえ、確かに現実は厳しい。多くの現場では、保育者は、管理サービス業になってしまっている。管理は、される人はもちろんのこと、管理をする人にとってもうれしい仕事ではない。職種を問わず子どもにかかわる仕事で、やりがいを感じるのは年々難しくなっている。教員採用試験の倍率がどんどんと下がっているが、ブラックな労働条件下で管理と数値になおせる成果(全国一斉学力テストなど)を求められること(の無理)がもう就活生にも広く知られてしまっている。新しい教員の仕事像(=新しい教育像)や働き方のイメージをつくっていかなければ、もう誰も子どもの傍らにいる仕事などしたくなくなるのではないだろうか。

哲学者の苫野一徳は、「公教育の最も重要な使命は、自由の相互承認ができる市民を育むことです」と述べている(https://lot.or.jp/project/5515/)。「自由の相互承認」とは哲学者ヘーゲルの言葉で、「お互いを対等で『自由』な存在として認め合うことをルールとした社会を作ること以外に、自由に平和に生きる術はない」という意味。誰もが対等で自由な存在だということを認め合うこと、そして、「全ての子供に『自由の相互承認』の感度を育むことを土台に、『自由』に生きるための力を育む」のが公教育の目的である、と。まさに前述の「3年後の学童」の姿に重なる。

放課後は、かつては子どもたちだけで過ごしていた時間だった。何よりも大人から何かをすることを強制されることのない、いわば「なにもしなくてもよい」(「放・課・後」の)時間だった。子どもたちが自分で考え、決め、行動し、結果を自分たちで引き受ける、そんな時間だった。せいいっぱいの力をつかって、「おもしろそう」を最大のインセンティブにして、工夫と苦労を重ねる時間だった。時に社会の善悪よりも、「やってみたい!」を最優先する、そんな「夢中」の時間だった。また地域社会の中で、多様な人と出会い、さまざまな価値観に触れ、またルールを学ぶ機会でもあった。いわゆる教育の枠組みではない時間の中にその日、その時間を生きていた。結果として、さまざまな力を身につけていったといえる。

他方で、子どもだけの世界は、水死や交通事故、犯罪などの危険と隣りあわせの世界でもあり、また、大人の社会にある差別や力関係が大きく影響する世界でもある。放課後の時間に、大人がかかわることの意味は、第一義的には安全の確保のためだ。命にかかわる事故を防止するために、常時、大人のいる場所として、学童保育所は生まれた。しかし、学童保育の先生たちとの対話を通じて、安全の確保以外にもうひとつ、子どもの世界での大人の役割があることに気づいた。

その役割とは、子ども社会の中に持ち込まれる大人社会の歪み(差別や力関係等)から、子どもたちを守ること。歪みを再生産しないということ。言い換えれば、多様な人々が、対等な関係の中で、互いに認めあいながらともに暮らすことができる場にしていくことだ。

子どもたちは、そこにいる大人の姿から学びとっていく。大人によるえこひいきを経験した子は、やがて自分が力を持った時に、えこひいきをするようになる。命令ばかりされた子どもはやがて命令をするようになる。逆に、立場が弱い時にきちんと意見を聴いてもらえた子は、立場の弱い子の意見を聴くようになる。そういう付き合い方があることを知っているからだ。知らなければ求められてもできない。

そう考えると、大人の子どもへのかかわりとは、「次にどんな社会を望むのか」という視点から考える必要があるのではないだろうか。現在の子どものいる場所の姿は、将来の社会の姿なのだ。たとえば、多数派に対して少数派がきちんと尊重されているだろうか。自分の意見を表明し、他者の意見を受け止めること、対話の中で折り合いをつけていくこと、そのプロセスを体験できているだろうか。それは「自治の体験」と言い換えてもいいだろう。自治は体験の中でしか学べない。もしその体験ができていれば、その子たちが大人になった時、自治的な社会をつくることができるだろう。しかし、たとえば権力を持つ人が決めたルールを守るかどうかだけが問われる、そんな体験しかしていなければ、権力を持つ者が私的利益のために勝手にルールを決めても、それに対して異議を唱える人がいない社会になるだろう。「自分が勇気を出して意見を表明しても、状況を変えることができない」という体験を重ねたら、「どうせ自分なんて」とあきらめるようになるだろう。なにか問題が起こった時に、まず自分(たち)で考え、自分(たち)で動く、のではなく、すぐに権力を持つものに告げ口をするようになるだろう(「自粛警察」!)。

「自治の経験」は、一方的に大人が子どもに与えるというよりも、大人も子どもも対等に、どちらも当事者としてその場にかかわり、日々試行錯誤を重ねていくことなのではないだろうか。

4 for 生徒から with 生徒へ

2020年6月。コロナ禍での最初の緊急事態宣言が終了して、3カ月ぶりに学校が分散登校で再開した時の話。

地元の中学校の学校運営協議会が開催され、私も委員として出席した。

「修学旅行はなんとか行かせてあげたい」

「音楽会はきびしい……」

と、とまどう先生たち。

生徒のためになんとか、という気持ちも伝わってくる。

「感染防止をしながらの運動会とはどんなものか……」と。

そこでふと思いついて、提案をしてみた。

「せっかくなので、むしろ生徒に考えてもらったらどうでしょうか、生徒自身が考え、実施すれば、それはどんな運動会になっても、『私たちの運動会』になりますよね。せっかくの前例なし、正解なしの事態なので」

こんな時こそ生徒たちに呼びかけ、生徒とともに乗り越えていってもらえたらという思いからだった。そして、「何かできることがあれば、協力しますよ」という気持ちで発言した。先生たちは、びっくりした表情をされていた。

しばらくして、朝、ＮＨＫニュースを見ていたら、福井市立至民中学校の修学旅行の取り組みが紹介されていた。

毎年、２泊３日で東京へ旅行してきたが今年はできない。そこで思いきって、旅の企画を生徒自身が行ったというものだった。生徒の有志でつくった実行委員会で、県内で４つの体験型の旅行コースを企画したというのだ。

旅行当日の朝の集合は、なぜか県営運動公園。本格的なトラックをつかって、満面の笑顔でリレーを楽しむ中学生たちの姿が映されていた。半年間思い切り運動ができなかったから、この際、「普通なら走れない本格的なトラックで走ってみよう」となったとのこと。その後、バスに分乗して、県内の乗馬やボート、そして芝すべりなど４つの体験型のコースへ。夜は、旅館にあつまって泊まるというものだった。

インタビューで「自分たちで計画から考えると何千倍も楽しくなるような気がした」と生徒さん。

校長先生のコメントも素敵だった。

「この状況を嘆くのではなく今年だからできることにトライしていく。そんな風に考えてくれた子どもたちの姿に勇気づけられました」

やっぱり、コロナを「禍」としてだけではなく、いいチャンスととらえている先生がいたのか、と勇気づけられた。そこで、さっそく「ファンレター」をおくると、校長の小林真由美さんから丁寧な返事をいただいた。そこでもう少し詳しく聞きたくなり、電話でお話をうかがってみた。

「6月からの学校再開で生徒の顔を見ることができ、一安心しましたが、今度は『感染症対策は？』『部活動はやっていいだろうか』と悩みはつきませんでした。私たちも幾度となく会議を開いて話し合ってきましたが、最後の結論は『生徒と一緒に、今年度を乗り越えよう』ということでした」

学校再開後、コロナ禍を逆手にとって、「総合的な学習の時間」のテーマを「感染症対策を通して社会と関わる」として学びの場をつくった。言われてやる感染予防ではなく「マスクは？　どうやって密を避けるか？　部活での危険は？」と、ひとりひとり自分で判断していけることを目指した。

至民中学校では、普段から「自分の考えをもち表現すること、一人で解決できないことはまわりと話し合うこと、学校だけにとどまらず社会とかかわること」を大切にしてきたという。生徒会は生徒総会で「これもあれもだめになったと嘆くのはもうやめよう。今年だから、私たちだからこそできることを考えよう」と呼びかけた。

9月の学校祭では「『伝説』になる『挑戦』をしよう」を合言葉に、生徒主体で初のオンライン文化祭を実施、WEBで社会に発信した。この成功体験をもとに手作り修学旅行にも挑戦していった。

「オンラインなどはとくに、教員が生徒の力を借りるしかなかったんです。生徒は私たちが考える以上に偉大でした」と小林校長。同時に「もちろんまかせるといっても、必要な手立てや支援はやまほどしました」とも。

実は、以前は、警察が入り新聞沙汰になるいわゆる「荒れた」中学校だった。いまもまだその立ち直りの時期なのだという。「先生の中には、生徒にまかせてまた乱れていかないかという心配はあります。でも、大人の言うとおりにしろ、あれしてはだめ、これしてはだめだけではやはり成長はない。生徒を信じてまかせる。自分で責任を持つという経験が前向きなエネルギーを生むのだと感じてきました」。

「実は修学旅行の2日目は大雨。どしゃぶりの中での野外活動でした。でも、子どもたちはそれが楽しかったといいます。『自分たちで考えた計画だから』と(笑)」

東京ではなく県内の旅への変更を余儀なくされたから生徒自身で考えることができたという。

「では、来年度は?」と聞くと「先輩と同じことではなくて、自分たちの学年のオリジナルなものをつくろう、と呼びかけています」。

前例＝正答が最初からないからこそ、対話と(その結果である)創造が生まれる。

本書で何度かとりあげた国際比較調査(258頁参照)には、「(自分が)社会現象を変えられるかもしれないと思っている若者の割合」という項目もあり、日本の若者の数値はやはり最も低い。その背景には、場のありようを自分たちで決めるという経験の少なさがあるのではないか。ルールを先生(＝権力を持つ人)が決めて、やっていない子をしかる。やっている子もやっていない子も、そのルール(の内容及び決定プロセス)に納得ができていない。そんな状態が続くと、やっている子の不満は、やっていない子への攻撃に変わる。「いじめ」が生まれやすい環境とはそういうものではないか。その延長線上にコロナ禍の「自粛警察」(権力の言いつけによる住民の住民への統制)があるのではないだろうか。

現在、校則の見直しを生徒自身の手ですすめるという試みが広がりつつある。もし学校で子どもたちに学んでほしいことが、「自分たちで自分たちの社会をつくるという自覚と技術」ならば、この見直しの動きは、本来の、そして当然の試みととらえるべきではないだろうか。

仲間との対話や試行錯誤を通じて、はじめて自治を学ぶことができる。

コロナ前に、学校の基本が「ｗｉｔｈ生徒」だったら、このコロナ禍の過ごし方もまた違った時間になっていたのではないだろうか。子どもたちが求めているのは、その場の当事者として尊重されることなのではないだろうか。強い大人が、弱い立場の子どもたちを尊重することによって、その子どもたちが強い立場になった時に、弱い立場の人を尊重することができる。

暴力や抑圧、支配のない社会をつくるには、こうした地道な試みをだいじにしていくしかない。

それはとてもゆっくりとした動きだけれど、そこにしか希望もまたないように思う。

「善きことは、カタツムリの速度で動く」(ガンジー)のだから。


子どものために、といいながら、一方的に与え、指示し、点数をつけることで、子どもの今の時間を奪うことは、もう終わりにしたい。

子どものために(for)から、子どもとともに(with)へ。

大人はかかわり方を見なおすべき時に来ている。

［コラム6］

車椅子

（2019年6月号）

昨秋から入院していた父が、先日、逝った。

最期を迎えた病院は、琵琶湖畔にあり、私たち家族にとってはとても馴染みがある場所だった。

45年前、父は事故で頚椎を損傷し、この病院に2年間入院していた。当時は家族介護。母も泊まりで付き添い、病院から田んぼに通った。当時2人は36歳。幼子を抱え「これからどうしたらいいのだろう」と病室で嘆く毎日。週末になると当時小学1年生の私は2つ上の兄と、山あいにある実家からバスに乗って病院に通った。

病院は私たち兄弟にとって遊び場だった。エレベーターで上に下に。内科はうす暗く、臭いもあり人の表情も深刻。手術室の前は、怖くて足早に通りすぎた。屋上には、たくさんの洗濯物（患者の家族が洗濯する）。

私たち親子にとって、病院での一番の居場所はリハビリ室だった。そこでは患者同士がお互いの事情に耳を傾けあっていた。九州から出稼ぎに来ていて、工事現場の事故で頚椎を損傷した方もやはり奥さんが看病に来ていて、子どもを九州の実家に残していた。「ほんまによう聞いてもらったし、聞いたなぁ」と母は振り返る。スタッフも患者の話に耳を傾け、時には囲碁を打ったりしていた。私たち兄弟もよく遊んでもらった。

退院後、父は幸運にも滋賀県初の車椅子の職員として復職することができた。70年代半ば「車椅子で働くなんて考えられへん時代やった」。復職は病院の若い整形外科のK医師によるところが大きかった。「これからは障害をもっていても働けるようにしていくべきだ」とあちこちに働きかけ、最後は知事室に直談判してくださって実現した復職だった。今でいうソーシャルワーク。父の告別式の夜、ご報告とお礼をかねて、山陰でまだ現役をつづけるK医師に私ははじめて電話で話した。

「西川さんのことはよく覚えています。私の恩師が『整形外科医は治療し、病院から出たら終わりじゃない。退院後もつきあいは続いていくもんだ』という人で、それで私も若かったからなんでもやってやろうってね(笑)」

老医師となったKさんのあたたかい声を聞きながら「障害を負ったことは父の人生にとってマイナスだっただけではない」と改めて確認できたような気がした。

実は今回、45年ぶりに通った病院は、あの当時とはまったく違う世界だった。ITを駆使した健康管理、分業体制による完全看護。看護、介助、歯科衛生、リハビリ…各スタッフがてきぱきと自分の任務を果たす。家族の負担は一切なし。昔の母の苦労を思うとシステムとしての医療は強い、と実感した。しかし、一方で、ちょっと寂しさも感じた。たくさんのスタッフがかかわるが「おしゃべりの時間」などはまずない。ある日、父の爪がかなり長く伸びていることに気づいた。爪切りは誰の業務にも入っていないらしい。そういうものかなあと思いつつ爪を切った。入院後30日を過ぎると診療報酬がぐっと下がるため、入院したその日から退院・転院についての相談がはじまる。家族の希望は聞いてくださるが、その背後にある思いについては聞かれない。もちろんいちいち聞いていたら仕事にならないことは、私にもわかる。みな忙しい。日々、次々とやってくる患者の対応で精一杯。

では、そんなスタッフのみなさんにとってのやりがいとは……。

家族介護だった半世紀前の病院に戻したいとは思わない。でも、K医師のような動きは決してないだろうし、あのリハビリ室のような人の交流も生まれようがないだろう。複雑な思いがした。

3月になると父は食欲がなくなり、眠る時間も増え着地体制に入っていった。病院から「話ができる最後の機会かも」という連絡を受けて、急遽、最終の新幹線で郷里に。

翌日は朝から私がベッドサイドにいた。めずらしく意識がはっきりしていた父が「琵琶湖が見たい」と言った。ベッドごと動かすわけにもいかずどうしたものか……。思い切って看護師さんに相談してみた。看護師さんは、しばらく考え込んだあと、

「じゃあ……車椅子に乗ってみましょうか」

「え、乗ってもいいんですか？」

午後、家族も集まり看護師さんと協力して、半年ぶりに車椅子に乗った。見慣れた姿だった。琵琶湖が見える窓辺までいくと、ちょうどきれいな虹が出ていた。「うんうん」とうなずく父。記念写真をとって、廊下を皆で行列して戻ると、ナースステーションから「あら良かったですねえ」との声。みな笑顔で応えてくれた。

父はその3日後に静かに息を引き取った。

社会がどんなにシステムで動くようになっても、声をかけることをあきらめなければ、人はその声に応えてくれる。父は、最後にそう教えてくれたような気がした。

あとがき

コロナ禍がはじまった2020年初夏のこと、地元の小学校から「プール掃除を手伝ってくれませんか」という依頼が、おやじの会にあった。

「いいですよ～」と都合のついたメンバーで、デッキブラシ片手に学校へ。プールに行くと、先生たち総出で作業がはじまっていた。プールの底にたまった落ち葉を除去しつつ、ひざまである真っ黒な泥水を排水口に流しこむ、という地味な作業。あまりに大量の落ち葉と泥で、これはいつ終わるのだろうか、と不安になった。

排水口につまる落ち葉を効率よく除去しつつ、泥水を流し込むにはどうしたらいいか？

保護者も先生も入り乱れて、試行錯誤がはじまった。

おやじの会のメンバーが学校のとなりの自宅から「網戸」をもってきたが、一瞬にして目詰まり使い物にならず。昆虫網はどうかと先生が持ってきてくれたが、これまた一瞬にして壊れた。みなドロドロになりながら、「あーでもない」「こーでもない」と、いろいろ試してみるが、なかなかうまくいかない。

失敗、また失敗。そのうち、着ていた服は濡れ、顔にも泥が。

しばらくして、ある先生が、物置から古びたプラスチックの食器カゴを持ってきてくれた。ためしてみたら、ちょうどいい具合に落ち葉がすくえた。

その瞬間、「おおお、これはいい！！！」と歓声があがった。

それからは順調に作業ができた。食器カゴで落ち葉をすくうと、排水口が顔をだし、そこをめがけて、ざざっと水をながしこむ。そんな共同作業がつづいた。

その後も、「こうしたらもっといいかも」「それいいね！」と小さな工夫を積み重ねていった。

最初は硬かった表情も作業終了時には、すっかりくずれ、みな良い表情に。

若い先生たちの泥がついた笑顔が印象的だった（残念ながらそれは普段子どもたちの前ではあまり見られないものでもあった）。こんな豊かな表情をする人たちだったのか。

もしかしたら、これが、本来のＰＴＡ《保護者と先生による組織》（Parent-Teacher Association）の姿なのかもしれない……。

「お疲れさま！」「ありがとうございました！」

笑顔で声を掛け合う保護者と先生を見ていてそう思った。

そして、もしこの掃除を、外注していたらこの時間は生まれなかった、とも。

さて、全国の小学校がいつもこんな大人たちの笑顔が飛び交う場だったらいいのだが、現実はそうなっていない。学校はいま、子どもにとっても大人にとっても厳しい場所になっている。

たとえば、第1章でも触れたが、不登校の児童・生徒は増加の一途をたどっている。自分がその時間の主導権を持てていない場所だとしたら、その場所に行けない・行きたくないと思うのは当然だろう。学校自体が変わることなく、子どもの問題としてきたことの結果がこの膨大な数字だとはいえないだろうか。

私たち大人は、子どもたちを学校に「動員」している。個々人の意志を無視して動員するからには、結果として「楽しかった」を保障する義務があるのではないだろうか。

先生はしばしば「将来のためにがまんさせる」というが、失礼ながら学校ほどに無意味にがまんさせている時間の多い場所は、社会にはない。強いられた「がまん」は拡散し、連鎖する。耐えかねた子どもたちのぎりぎりの声が、今日の不登校の児童・生徒の激増となって表面化しているのではないだろうか。

以前、小学校の学校評価委員をした時に、「挨拶ができた・○%」とか、「宿題をやった・○%」だとか、さまざまな行為や態度が数値化され、「こんなに(私たち大人は指導を)がんばっています」という校長先生の説明があった。私は、場の空気を壊すかもと迷いつつ、次のように発言した。

「細かい数字でできたとかできないとかよりも、『先生好き?』とか『学校好きですか?』とか『算数おもしろいですか?』っていう質問にしてはいかがでしょうか。学校の評価はそれにつきるのではないでしょうか。」

一日の大半を過ごす学校は、なによりもまず、子どもたちが好きな場所・楽しい場所であってほしい。自分で、仲間と試行錯誤ができる時間であってほしい。

子どもは、今日を生きているのであって、大人になるためにその時間を過ごしているわけではない(=大人も同じ。おにいさんはおじさんに、おじさんはおじいさんになるために生きているわけではない)。

そもそも、その人、その子の人生がいつ終わるかは誰にもわからない。だとすれば、その人のその時間は次の時間の準備である前に、まずその時間として、大切にされるべきなのではないだろうか。仮に、もしなんらかの目標があり、そのために努力・準備している時間であったとしても、その時間は〈安心〉と〈工夫の余地〉を保障された時間となっていてほしい。「あそび」のない不安な時間の中で、ただ結果を求められる毎日になっているなら、もはやそれは虐待と認識すべきなのではないだろうか。

ミヒャエル・エンデの児童文学『モモ』(岩波書店・大島かおり訳)では、大人たちは、灰色の男たちに「時間を貯蓄すれば、利子がつく」とそそのかされて時間の節約=時間貯蓄の契約をする。主人公モモは、そうして灰色の男たちが奪っていったまちの人々の時間を取り戻すべく、「時間の国」をつかさどるマイスター・ホラに会いにいく。そこで、マイスター・ホラはモモに言う。

「時間は、ほんとうの持ち主からきりはなされると、文字どおり死んでしまう。人間はひとりひとりがそれぞれじぶんの時間をもっている。そしてこの時間は、ほんとうにじぶんのものであるあいだだけ、生きた時間でいられるのだよ」

そして、人間自身が時間どろぼうの「発生をゆるす条件をつくりだしている」のであり、「人間は彼らに支配させるすきまをあたえている」と教える。「生きた時間」を死なせてしまうのは、結局のところ人間自身である、と。

これは、言い換えれば、人はいつでも「じぶんの時間」を取り戻すことができるということでもあるだろう。

決まったことだから、ルールだからと言わず、どうしたらおもしろくなるか、と考えはじめること。最初からあると思わされている正解を、正解のままにしてしまわないこと。自分なり、自分たちなりのやり方を試みること。それが「じぶんの時間」を生きるということなのではないだろうか。

大人は、子どもから「じぶんの時間」を奪うのをやめよう。

「がまんの連鎖」を、楽しさでほどいていこう。

「あーでもない、こーでもない」ができる場を、「みんなで」つくろう。

その「みんなで」は、それぞれの事情とくに弱い立場の人への配慮があり、一人ひとりの意見がだいじにされ必要であれば対話を通じて折り合いがつけていける、そんな「みんなで」でありたい。

そこにいる人と「どうしたらできる?」と、ともに悩もう。

その時から、その時間は、遊びになる。

そうすれば結果がどうであれ、「ああ、おもしろかった」とふりかえることができる。

どの人にとっても「じぶんの時間」を生きられる、そんな「みんなで」をつくりたい。


ここまでお読みいただいた読者の皆様に心から感謝します。

前作同様、本書もまたたくさんの方々との出会いの中から生まれました。

まず、保育所・学童の保護者会やPTA、おやじの会、そして、ヤキイモタイムやプレーパーク、路上遊びで知り合った遊び仲間の方々に感謝します。

NPO法人あげお学童クラブの会の理事、職員、保護者のみなさんに感謝します。第6章の論考をはじめ、みなさんとの何年にも渡る実践と議論の中で本当に多くのことを学びました。

NPO法人ハンズオン埼玉の会員、理事のみなさんに感謝します。コロナ禍で、それまで積み上げてきた(三密の)活動ができなくなった時、主にオンラインを舞台にしたみなさんとのさまざまな苦労と工夫は本当に楽しい経験でした。代表理事川田虎男さん、副代表理事の木本晃子さんには原稿の段階からお読みいただき、助言をいただきました。ありがとうございました。

第4章、各章末のコラムをはじめ、この本の原稿の多くは、前作同様『くらしと教育をつなぐWe』という雑誌の連載をもとにしています。中村泰子さんはじめ『We』編集部（フェミックス）のみなさんに深く感謝します。そして、本書でご紹介させていただいた団体、施設のみなさんには本書で記したとおり、多くの示唆をいただきました。ありがとうございました。

岡山県真庭市のみなさん、図書館の職員のみなさんには、現在、さまざまな試みをとおして、あそびの生まれる場所づくりをともにしていただいています。多くの刺激と学びをいただいています。読者のみなさんには、いずれまたご報告できればと思っています。

前作につづき、本書をつくる苦労と工夫をともにしてくださった、『ころから』のパブリッシャー・木瀬貴吉さんとデザイナー・安藤順さんに感謝します。

2023年浅春　西川正

西川正　にしかわ・ただし

1967年滋賀県生まれ。学童保育、出版社、障害者団体、NPO支援センターなどの勤務を経て2005年にNPO法人ハンズ・オン埼玉を設立。元恵泉女学園大学特任准教授。2022年4月より真庭市中央図書館館長を兼務。主な著書に『あそびの生まれる場所』（ころから、2019年度生協総合研究所特別賞受賞）がある。趣味は「カブリモノ」の製作。

いきする本だな　4

あそびの生《う》まれる時《とき》

「お客様《きゃくさま》」時代《じだい》の地域活動《ちいきかつどう》コーディネーション

2023年 3月 1日 初版発行

2000円＋税

著者　西川正

パブリッシャー　木瀬貴吉

装丁　安藤順

発行　ころから

〒115-0045 東京都北区赤羽1-19-7-603

Tel 03-5939-7950

Mail office@korocolor.com

Web-site http://korocolor.com

Web-shop https://colobooks.com

SBN 978-4-907239-66-4

C0036

ktks

いきする本だな

まーくのえともじ●金井真紀

I can't breathe. ―― 息ができない ―― との言葉を遺し二人の米国人が亡くなりました。2014年のエリック・ガーナーさん、そして2020年のジョージ・フロイドさんです。

白昼堂々と警官に首根っこを抑えつけられ殺された事件は、米国社会に大きな衝撃を与え、抗議する人々が街頭へ出て「ブラック・ライブズ・マター（黒人の命をなめるな！）」と声をあげることになりました。

このムーブメントは大きなうねりとなり、世界中で黒人たちに連帯するとともに、それぞれの国や地域における構造的な差別と暴力の存在を見つめ直す機会となったのです。

さて、いま21世紀の日本社会に暮らすわたしたちは、どんな息ができているでしょうか。

誰に気兼ねすることなく、両手を広げ大きく息を吸って、思う存分に息を吐くことができているでしょうか？

これは、ただの比喩ではなく、ガーナーさんやフロイドさんと同じように物理的に息を止められていないと言い切れる社会でしょうか？

私たち、ころからは「ブラック・ライブズ・マター」のかけ声に賛同し、出版を通じて、息を吸うこと、吐くことを続けようと決意しました。

これらの本が集うシリーズ名は「いきする本だな」です。息することは、生きること。そんな誰にとっても不可欠な本を紹介していきます。

息するように無意識なことを、ときには深呼吸するように意識的なことを伝えるために。

2021年　ころから